国家出版基金项目
NATIONAL PUBLICATION FOUNDATION

"十四五"国家重点出版物出版规划项目

中国水资源管理战略丛书

中国式水利现代化：
怎么看怎么办

赵钟楠　刘震　耿晓君　张宜清　等 著

中国水利水电出版社
www.waterpub.com.cn

·北京·

内 容 提 要

水利现代化是中国式现代化的重要组成部分，探索实现中国式水利现代化，对推动新阶段水利高质量发展，为全面建设社会主义现代化国家提供有力的水安全保障具有重要意义。

本书提出了认识中国式水利现代化的多维方法论，从历史维度、理论维度和实践维度分析了中国式水利现代化，总结了中国式水利现代化的内涵特征，提出了推进中国式水利现代化的思路、路径和保障措施，为科学认识中国式水利现代化、推进中国式水利现代化提供了重要参考。

本书可供水利行业广大干部职工阅读，也可供相关专业高校师生参考。

图书在版编目（CIP）数据

中国式水利现代化：怎么看怎么办 / 赵钟楠等著.
北京：中国水利水电出版社，2024. 12. -- （中国水资
源管理战略丛书）. -- ISBN 978-7-5226-3109-7

Ⅰ. F426.9

中国国家版本馆CIP数据核字第2024D8B768号

书　　名	中国水资源管理战略丛书 **中国式水利现代化：怎么看怎么办** ZHONGGUOSHI SHUILI XIANDAIHUA: ZENME KAN ZENME BAN	
作　　者	赵钟楠　刘　震　耿晓君　张宜清　等　著	
出版发行	中国水利水电出版社 （北京市海淀区玉渊潭南路 1 号 D 座　100038） 网址：www. waterpub. com. cn E - mail：sales@ mwr. gov. cn 电话：（010）68545888（营销中心）	
经　　售	北京科水图书销售有限公司 电话：（010）68545874、63202643 全国各地新华书店和相关出版物销售网点	
排　　版	中国水利水电出版社微机排版中心	
印　　刷	北京印匠彩色印刷有限公司	
规　　格	170mm×240mm　16 开本　8.75 印张　152 千字	
版　　次	2024 年 12 月第 1 版　2024 年 12 月第 1 次印刷	
印　　数	0001—1000 册	
定　　价	**68.00 元**	

前言

　　党的二十大擘画了全面建设社会主义现代化国家、以中国式现代化全面推进中华民族伟大复兴的宏伟蓝图。水利现代化是中国式现代化的重要组成部分，深刻理解中国式水利现代化的内涵特征，准确把握水利在中国式现代化进程中的职责定位，系统谋划中国式水利现代化的战略路径，对于推动水利高质量发展，保障我国水安全，以中国式现代化全面推进强国建设、民族复兴伟业具有重要作用。

　　现代化是一种世界范围的经济社会转型和文明进步，是不同国家追赶、达到和保持世界前沿水平的行为和过程，是世界各国发展的必然选择和不懈追求。中国式现代化，走出了一条不同于西方现代化的发展道路，是遵循现代化客观规律、立足基本国情、借鉴成功经验的现代化道路。关于水利现代化的理论和实践探索在21世纪初已有相关进展，在水利现代化的概念内涵、基本特征、指标体系、建设路径等方面形成一定成果，但相关研究难以摆脱用西方现代化体系摹画中国水利现代化的困境，可谓"现代化"有余、"中国式"不足。

　　本书立足于中国式现代化的全新战略视角，运用多维方法论探讨如何认识中国式水利现代化的"中国特色"和"时代特点"，进而分析阐释了中国式水利现代化丰富、独特、深厚的内涵要义，系统谋划了中国式水利现代化建设的总体思路和推进路径，为丰富和发展中国式现代化新道路的内涵和模式提供参考。全书分为两篇共 8 章，第 1 篇"怎么看"包括第 1～5 章，第 2 篇"怎么办"包括第 6～8 章。第 1 章提出了认识中国式水利现代化的多维方法论；第 2～4 章分别从历史维度、理论维度和实践维度分析了中国式水利现代化的历史、理论和现实逻辑；第 5 章阐释了中国式水利现代化的内涵特征，梳理了逻辑层次；第 6 章提出了推进中国式水利现代化的总体思路；第 7 章明确了中国式水利现代化的推进路径；第 8 章提出了中国式水利现代化的保障措施。

参与本书编写的有赵钟楠、刘震、耿晓君、张宜清、王冠、陈康、童学卫、张越等。第 1 章由赵钟楠、刘震编写，第 2 章由刘震、王冠编写，第 3 章由张宜清、刘震编写，第 4 章由耿晓君、童学卫编写，第 5 章由刘震、陈康编写，第 6 章由刘震、童学卫、张越编写，第 7 章由张宜清、童学卫、刘震编写，第 8 章由耿晓君、陈康编写，赵钟楠、刘震负责总体统稿。本书在编写过程中，还得到了李原园、黄火键、田英、曹建廷等专家的指导和帮助，在此一并表示感谢。

中国式水利现代化是一项长期的复杂系统工程，涉及要素多、推进周期长、影响范围广，从理论到实践都需要进行长期深入的探索。有关的研究刚刚起步，受认识所限，虽然开展了大量工作，但是有关研究成果难免有所偏颇和疏漏，敬请批评指正。

作者
2024 年 9 月

目录

第2篇　怎　么　办

第1篇 怎 么 看

第 1 章

认识中国式水利现代化的多维方法论

推进中国式水利现代化是一个系统工程，需要统筹兼顾、系统谋划、整体推进。正确认识中国式水利现代化，是明确水利发展中心任务、制定路线方针政策的重要依据。采用历史维度、理论维度、实践维度相统一的多维方法论，对中国式水利现代化的历史逻辑、理论依据、实践经验进行深入剖析和探讨，为全面理解中国式水利现代化的内涵要义、明确中国式水利现代化的战略方向和推进路径提供重要依据。

1.1 什么是历史维度、理论维度、实践维度

1.1.1 历史维度

（1）历史维度是从历史的角度出发，研究客观世界发展演变规律，包括人类社会历史和自然界历史领域。它关注的是历史事件、文化现象以及社会变迁等方面的客观事实，通过对历史事实的阐释，力图把握客观事物的规律，从而确立正确的认识原则，建构科学的历史观。历史维度是一种有效研究历史事实、总结历史经验、把握历史规律，最终能转化历史为现实服务的理论思维，是帮助我们密切联系过去、现在和将来，分析和研究历史现象，发现和运用历史规律，从而指导现实实践的科学思想方法。

（2）历史维度具有长时段、整体性和发展性的特点。

1）长时段。历史绝不是由简单的历史事件机械组成，而是如同一条奔流不息的长河，其间既有漩涡，也有曲折，只有真正登高望远、提高历史维度能力，才能把握潮流大势。从长时段的角度把握历史维度，就要思接千载、视通万里，以贯通古今的智慧，分析当下碰到的问题，既知其然

又知其所以然。

2）整体性。历史是从昨天走到今天再走向明天，历史的联系是不可能割断的，人们总是在继承前人的基础上向前发展的。历史是不能随意选择和切割的，一个民族若是否定或者割断了自己的历史，那便是历史虚无主义，就会失去一个民族安身立命的基础。我们要注重历史的整体性、全面性。把握好、运用好历史维度，就要求看到历史的每个时期、每个阶段的相互联系和前后承接，避免人为割裂历史。

3）发展性。弄清楚我们从哪儿来、到哪儿去，很多问题才能看得深、把得准。历史维度是一种把过去、现实和未来联系起来考察问题、作出决策的科学方法。我们要以发展的眼光把党史放到中华民族伟大复兴的历史中去认识，正如我们党领导的革命、建设、改革伟大实践，是一个接续奋斗的历史过程，是一项救国、兴国、强国，进而实现中华民族伟大复兴的完整事业。历史维度包含在历史前进的逻辑中前进、在时代发展的潮流中发展的发展性特点。从这个角度理解，历史维度还意味着一种历史责任。历史、现实、未来是相通的。从党的百年奋斗中看清楚过去我们为什么能够成功、弄明白未来我们怎样才能继续成功，我们在继承历史的同时，也在创造新的历史。历史维度的落脚点是谋大局、谋长远、谋未来，体现的正是"功成不必在我"的历史胸怀和"功成必定有我"的时代担当。

1.1.2 理论维度

（1）理论维度是从理论的角度出发，探索如何正确认识客观事物的本质和规律。它是历史维度的发展和深化，即通过揭示客观事物运动过程中所表现出来的特点和联系，并由此概括出事物的基本性质，探求事物内部联系的必然趋势和本质，研究文化、社会和政治等领域的理论模型和解释。

就水利而言，理论维度是根植于马克思主义自然观、生态观、发展观，运用马克思主义自然辩证法，传承我国天人合一、道法自然的哲学智慧，创新发展马克思主义关于人与自然关系的思想，采用水文水资源、地理等学科有关研究方法，发展衍生出的水文地理理论、自然适应理论、资源环境承载力理论等。

（2）理论维度是科学研究的重要组成部分，它具有客观性、主观性、理论性、实践性、历史性的特点。

1）客观性。马克思主义告诉我们，理论阐述的是客观世界的规律，它是一种科学研究的维度，是对客观事物本质和规律的认识和把握。

2）主观性。理论维度也不是完全脱离主观因素的，它需要主观世界的观察和感知。在社会科学领域，学者们的观点、研究方法、认知过程和结论都会受到自身的经验和观念的影响。

3）理论性。理论维度是对事物的本质、现象和过程的理性分析和解释，具有深刻的理论性和抽象性，它是一种理论的架构，可以帮助人们深入了解事物的本质和规律。

4）实践性。理论维度并不是纯粹的理论，它需要实践的检验和证明。理论维度只有通过实践才能得到验证和应用，它是理论与实践之间的桥梁。

5）历史性。理论维度是历史的产物，它受到历史条件、文化背景和社会环境的制约。在不同的历史时期和社会环境下，理论维度也会有所不同。

（3）理论维度在各种研究领域中具有重要的作用。它可以帮助我们更深入地理解和解释一个特定的理论，理论维度可以揭示理论的宏观面貌和微观结构，使我们更好地理解和解释其内部逻辑和体系。

在哲学和社会科学领域中，对理论维度的研究可以深化我们对某一特定理论的理解，帮助我们认识到理论中包含的不同层面和角度，从而更好地把握理论的本质。同时，理论维度还可以帮助我们比较和对照不同的理论，发现它们的异同和优劣，从而更全面地评估理论的适用性和有效性。此外，理论维度也可以为我们提供新的思考视角和方法，促进知识的创新和发展。总的来说，理论维度是一个重要的工具，可以帮助我们更加深入地理解、评估和应用各种理论，促进学术研究和实践应用的进步和发展。

1.1.3 实践维度

（1）实践维度是对正在进行的实践活动的必然性和规律性的概括，通过正确处理主观和客观、认识和实践的关系，推动人们认识和改造客观世界。实践是主观和客观的"中介"，它不仅能够反映客观事物的属性、本质和规律，而且能够将其作用于客观事物，从而引起客观事物的变化，或者发生使客观事物向着人们预期的目标变化的效应。实践又是认识的目的和归宿。正确的认识来源于正确的实践。实践是检验真理的唯一标准。客观事物只有在同人的活动相结合时，才能成为人们对现实的认识和改造的对象，因而也就只有通过人的实践才能证明和确立正确的认识。人们借助实践改造世界，在实践中认识世界和改造世界，实践的发展以新的实践、新的更高的认识为目标，二者互为目的和手段，是辩证的统一。

（2）实践维度具有直接现实性、能动性、社会历史性的特点。

1）直接现实性。实践是客观的物质性活动，它具有直接现实性的特点。实践的主体、手段、客体、结果都是客观的。

2）能动性。实践是人类自觉的有意识的活动，它具有能动性的特点。所谓实践的能动性，是指实践要受人主观动机的支配，实践的主体——人总要达到一定的目的。这是人实践活动与动物本能活动的重大区别之一。

3）社会历史性。实践是历史发展的社会活动，它具有社会历史性。人的实践不是孤立的个人的实践，要在一定的以生产关系为基础的社会关系下进行。此外，实践还具有历史的延续性，上一代人实践的终点，是这一代人实践的起点；而这一代人实践的终点，又是下一代人实践的起点。

（3）实践维度的基本形式。包括处理人和自然的关系，改造自然的生产实践活动，处理人和社会的关系，改造社会的实践活动，以及科学实验活动。

实践的各种基本形式相互联系、相互作用。其中，生产实践活动是人类社会最基本的实践活动，是决定其他一切活动的基础。实践由主体、客体及中介等要素构成。实践的主体，是指从事实践活动和认识活动的人；实践的客体是指主体活动所指向的对象；实践的中介是指连接主体与客体的各种工具、手段以及运用这些工具、手段的程序和方法。实践的主体与客体的关系具有辩证性：一方面，主体改造客体；另一方面，改造客体的主体由此得以优化，而优化了的主体能够更好地改造客体。

综上所述，历史维度、理论维度和实践维度虽然有不同的关注点，但它们并不是互相独立的，而是相辅相成的。历史维度可以为理论维度提供事实依据和实例支持，而理论维度则可以为历史维度提供解释和理论支持。在实际研究中，历史维度和理论维度常常是同时存在的，并且相互印证和补充。在研究历史文化时，需要注意历史维度和理论维度的区别和联系。历史研究需要以历史事实为基础，同时也需要理论的指导和支持，从而更好地理解和解释文化现象和社会问题；而理论研究则需要从历史事实中汲取经验和教训，以更好地提出和验证理论模型和解释。实践是理论创新的源泉。理论创新不仅可以在实践中检验，还可以在实践中被认识。理论与实践互为前提、相互制约，但理论并非被动地适应实践，而是通过实践来指导实践，理论又不断接受实践的检验，然后再用于指导实践，实践与理论相互作用、相互推动。

1. 2　为什么要从三个维度认识中国式水利现代化

1. 2. 1　为什么要从历史维度认识中国式水利现代化

历史唯物主义告诉我们，历史是一个过程，各个历史时期都是连续性与阶段性的辩证统一。历史的联系是不可能割断的，我们要展望未来，就要看过去是怎样走来的，尤其是看中国式水利现代化，要善于通过历史看现实、透过现象看本质，坚定站在历史正确的一边、站在人类文明进步的一边。从历史维度认识中国式水利现代化可以帮助我们更好地理解中国水利的起源、发展和现代化进程。通过梳理水利发展的历史脉络，我们可以了解水利在不同时期所面临的挑战、机遇和取得的成就，为现代水利事业提供宝贵的经验和启示。

（1）为中国式水利现代化提供宝贵的经验和启示。通过研究水利历史的发展进程，我们可以了解到治水理念的变迁、工程技术的进步以及水资源管理的演化等，从而为现代水利事业提供宝贵的经验和启示。例如，历史上大禹治水的成功案例，为我们提供了宝贵的经验和启示，也为我们今天的水利事业提供了重要的借鉴。同时，悠久的治水史为推动中国式水利现代化提供了价值认同和心理信心，可以在最大程度、最大范围内凝聚推动中国式水利现代化的共识和动力。

（2）有助于深入理解中国式水利现代化的内涵。通过历史维度，我们可以深入理解水利现代化的内涵和目标，明确水利现代化的重点领域和方向，从而为现代水利事业的发展提供重要的指导。

（3）有助于预测和应对中国式水利现代化的未来挑战。历史维度有助于我们预测和应对未来水利领域可能面临的挑战和问题。例如，历史上黄河水患的频繁发生提醒我们应加强对河流的管理和保护，而随着气候变化和人类活动的不断增加，我们也需要采取更加有效的措施来应对未来可能出现的各种问题。

综上所述，历史维度对于认识和理解中国水利具有重要的作用。它为我们提供了宝贵的经验和启示，有助于我们深入理解中国式水利现代化的内涵和目标，也有助于我们预测和应对未来可能出现的各种问题。因此，在认识中国式水利现代化中运用历史维度是十分必要的。

1.2.2　为什么要从理论维度认识中国式水利现代化

从理论维度认识水利现代化，是为了更好地理解和实现水利现代化的理论指导。理论维度强调的是对水利学科基本概念、原理、方法和应用的理解和探讨，它为水利实践提供了重要的指导和支撑作用。

（1）认识我国水情、国情的特殊性和新老水问题的复杂性的内在要求。我国自然水循环过程的复杂性、水问题系统治理的复杂性、人水相互作用的复杂性以及我国水情、国情的特殊性决定了我们必须从理论维度认识和把握中国式水利现代化。随着经济社会快速发展，全球气候变化和人类活动影响加剧，我国水问题日益凸显，面临严峻挑战，水资源、水生态、水环境和水灾害等已成为我国亟须系统解决的重要水问题。这四大水问题既相互独立，又相互作用、彼此叠加，对我国水安全产生不利影响。现阶段，在水灾害频发等老问题仍未根本解决的同时，水资源短缺、水生态损害、水环境污染等新问题更加凸显。只有从理论维度探索自然水循环的机理、新老水问题治理方略、人水和谐的内在逻辑内涵，才能充分认识中国式水利现代化的内涵要义。

（2）指导新时代中国式水利现代化探索实践的客观需要。水利现代化是一个复杂而又庞大的系统工程，涉及多个领域和方面，如水资源管理、河湖治理、防洪抗旱、水生态保护、水利工程建设等。这些领域和方面都需要有相应的理论来指导和支持，因此从理论维度认识水利现代化是十分必要的。通过从理论维度认识水利现代化，可以深入了解水利现代化的基本原理和方法，为实践提供指导和支持。

1.2.3　为什么要从实践维度认识中国式水利现代化

从实践维度认识水利现代化，是为了更好地理解水利现代化的发展历程。实践维度强调的是将理论知识应用到实际操作中解决实际问题的能力。通过实践，可以将理论知识转化为实际行动，并且根据实践结果反思和总结经验教训，不断完善和调整理论知识和实践方案。这种认知源于理论与实践的双向互动，既需要以科学理论指导实践，又需要通过实践验证和完善理论体系。

（1）有利于解决我国新老水问题。中国式水利现代化不是简单套用现成理论或模式的现代化，而是中国共产党和中国人民长期实践探索的成果，其本质在于直面复杂水问题的实践探索。实践思维强调从实际出发，注重解决实际问题。面对我国水灾害、水资源、水生态、水环境等新老水问题，只有通过实践思维，深入分析问题产生的根源，探索切实可行的解决方案，才能系统解决这些复杂水问题，推动中国式水利现代化不断向前发展。

（2）有利于应对多重挑战和风险。我国特殊的季风气候、自然地理条件和人口密集特点，决定了水资源时空分布极不均衡以及由此带来的水灾害始终是推进中国式水利现代化进程中需要应对的严峻挑战。通过以实践为起点，利用理论指导更高层次的实践，形成"实践—理论—再实践"的螺旋式上升过程，从根本上解决水灾害频发、水资源短缺、水生态损害、水环境污染问题，为以中国式现代化全面推进强国建设、民族复兴伟业提供有力的水安全保障。

总之，只有从历史、理论、实践三者统一的整体维度，坚持运用辩证唯物主义和历史唯物主义，才能正确回答时代和实践提出的重大问题，才能全面理解和深刻把握中国式水利现代化的内涵要义、逻辑层次，才能在推进中国式水利现代化的道路上走深走实。

1.3　如何从三个维度认识中国式水利现代化

1.3.1　如何从历史维度认识中国式水利现代化

从历史维度进行研究，就是在历史回溯中，找到历史源头、发现历史线索、厘清思想主线，要坚持运用历史唯物主义的科学方法认识中国式水利现代化。科学研究需要比较和历史的大视野。知古鉴今，善于运用历史眼光认识发展规律、把握前进方向、指导现实工作。加强对历史事实和客观规律的认识和思考，关注中国历史与现实发展之间的正面关系，有助于更深刻地认识中国式水利现代化发生和发展的逻辑，从而透过现象抓住本质，准确把握其内涵。从历史维度认识中国式水利现代化，其演进路径呈现双重逻辑维度：一是中华治水文明的历史传承与转型；二是中西方水利发展比较视野下的主体性建构。前者要求我们立足于五千年治水文明史，通过历史连续性分析揭示当代水利格局的生成逻辑，如从大禹治水的疏导理念到南水北调的现代工程，从都江堰的生态智慧到三峡工程的综合效益，历史基因始终在塑造着中国水利的演进方向。后者强调在中西方水利文明对话中确立自主认知坐标，突破"西方中心论"的认知框架，将黄河治理的系统思维与尼罗河治理的单一目标相对照，将江南塘浦圩田的复合功能与荷兰圩田的单一排涝相比较，从而提炼出中国水利"天人合一""系统治理"的独特范式。这种双重历史维度的交汇，既解释了传统治水智慧向现代转型的内在动力，也确立了中国特色水利现代化道路的历史合法性。

专栏 1.1　历史维度具体方法

1. 历史归纳法

历史归纳法是从一系列同类的个别史实中概括出一般性知识和结论的研究方法，是在收集大量史料的基础上，针对个别事件的性质进行分析，概括同类事件表现出的共同点，得出一般性结论。历史归纳法能够依据大量历史事件，总结出历史发展的一般规律性，达到对事物普遍的、共同的、本质的认识。基于历史归纳法进行中国式水利现代化研究，能够为准确理解水利发展沿革、深刻认识水利发展规律、探索中国式水利现代化前进方向奠定理论基础。

2. 历史比较法

历史比较法是按照时间顺序解释同一社会内部或者不同社会间的社会现象或者事物的相似性和差异性的研究方法。这一方法将有一定关联的人物、事件、制度等历史现象进行比较对照，判断异同，分析缘由，把握历史发展进程的共同规律和特殊规律，理解历史现象的性质和特点。采用历史比较法进行分析，能够将发展问题置于整个人类社会发展的历史之中加以考察，开展针对一个社会不同时期或者同一时期不同社会形态的比较研究。基于历史比较法进行中国式水利现代化研究，通过对比分析中西方水利发展进程，能够借鉴西方水利现代化正确的发展理念，避开错误的发展方向。

1.3.2　如何从理论维度认识中国式水利现代化

（1）坚持运用马克思主义唯物辩证法认识中国式水利现代化。水利发展阶段的质变和治水理念的转变不是凭空产生的，而是伴随着生产力水平的提高和社会经济的发展、水安全需求的变化以及由此产生的新条件、新问题、新挑战和新机遇而出现、完成的。借鉴已有的成果，以人类社会发展所经历的文明阶段为基本依据，结合不同时期的生产力水平、面临的主要水问题以及解决水问题的工具和路径等重要因素，运用矛盾论解释治水与社会经济发展的关系，系统地对水利事业发展的历史脉络和内在规律进行剖析，探索中国式水利现代化的发展方向和可能路径，为中国式水利现代化提供发展思路。

（2）从我国水情特殊性和水问题复杂性的理论维度认识中国式水利现代化。我国特有的水文特征及复杂多变的流域特性，构成了水利现代化建设必须遵循的自然法则。"善治水者，因势利导"的古训深刻揭示了水治理的特殊性。这种特殊性集中体现在两个维度：其一，水文系统的固有特性决定了治水的特殊方法论。水循环过程具有多维关联性、随机变异性和持续流动性，径流时空分布的高度不确定性使得固化治理模式和统一技术标准难以适用。作为维系陆地生态系统的核心要素，水与土壤、森林、草地等环境要素构成有机整体，决定了要坚持山水林田湖草沙一体化保护和系统治理。其二，我国独特的地理水文条件加剧了治理难度。欧亚大陆东缘的地理区位造就了显著的季风气候特征，三级阶梯的地形格局导致水旱灾害频发。我国基本水情一直是夏汛冬枯、北缺南丰，水资源时空分布极不均衡。推进中国式水利现代化，必须以理论思维把握水治理规律：既要遵循水文循环的自然科学原理，又要立足区域水资源实际条件；既要强化工程技术手段的科学性，又要注重流域综合治理的系统性。只有构建多维协同的治水体系，才能走出一条具有中国特色的水利现代化发展道路。

（3）从人水和谐治水理念的理论逻辑认识中国式水利现代化。在水利发展的历史演进中，科技创新、理论突破与治水思维革新始终构成关键支撑要素。伴随技术革新与实践积淀，人类对水资源的认知维度持续拓展，治水范式经历了从粗放开发到集约治理的质变跃升：由初期视水资源为无限供给的自然馈赠，转向确立节水型社会建设战略；从追求改造自然、征服洪水的刚性思维，转变为规范人类行为、修复生态系统的柔性治理；从局部治理、部门分割的碎片化模式，升级为统筹协调、系统施治的整体性方案。这种植根于天人合一智慧的治理哲学，已在现代水利实践中形成多维度的创新转化：工程体系层面，着力构建开源节流协同机制，统筹存量资源与新增供给的时空配置，精准平衡经济发展需求与生态保护诉求；制度创新层面，推动水资源管理由开发导向转向节水优先，建立涵盖洪水风险管控、雨洪资源化利用的弹性管理体系，创新构建以生态红线约束、空间管控制度为核心的自然修复机制。中国式水利现代化正通过构建人水共生的新型治理范式,走出一条独具东方智慧的生态文明建设道路。

1.3.3 如何从实践维度认识中国式水利现代化

(1)从党对治水工作的全面领导认识中国式水利现代化。中国共产党是领导我国治水兴水工作的核心力量。水利事业之所以取得举世瞩目的伟大成绩,其根本是有中国共产党的坚强领导,是党领导人民开展波澜壮阔的水利建设。中国是世界上水情最复杂、江河治理难度最大、治水任务最繁重的国家之一,中国共产党始终坚持正确的治水政绩观,充分发挥集中力量干大事的制度优势,加快提高党领导治水兴水工作的能力和水平,不断提高政治判断力、政治领悟力、政治执行力,把党的领导落实到治水兴水工作的各领域各方面各环节,确保水利事业行稳致远。

(2)从水利发展的重大成就认识中国式水利现代化。我国水利事业不论是革命时期、建设时期、改革时期,还是新时代,都是适应我国国情水情特点,适应各个时期国家中心工作需要,不断优化调整治水思路和主要任务,以水利发展的重大成就支撑了中华民族从站起来、富起来到强起来的历史性飞跃。新中国成立以来,水利建设历程取得了伟大成就,特别是党的十八大以来,以习近平同志为核心的党中央高度重视水安全工作,开创性提出"节水优先、空间均衡、系统治理、两手发力"治水思路,在习近平总书记治水思路的科学指引下,我国治水事业取得了历史性成就,发生了历史性变革,办成了许多事关战略全局、事关长远发展、事关人民福祉的治水大事要事,为中国式水利现代化建设奠定了重要的实践基础。

总体来看,运用历史维度、理论维度、实践维度三者相统一的多维方法论认识中国式水利现代化,就是要坚持辩证唯物主义和历史唯物主义的方法论,坚持历史和现实相贯通、理论和实践相结合、国内和国际相关联,做到在历史和现实的贯通中总结规律,在理论和实践的结合中把握主动,在国内和国际的关联中坚定方向。

第 2 章

从历史维度看中国式水利现代化

从历史维度看中国式水利现代化，要树立大历史观，从历史长河、时代大潮、全球风云中分析演变机理、探究历史规律，增强工作的系统性、预见性、创造性。从历史维度深入思考中国式水利现代化，包含着两个相互依存和递进的环节：一是中国水利发展的历史转向；二是中西方水利发展比较研究中的中国转向。前者是指只有在历史视野中我们才能真正理解为何中国水利呈现出今天的面貌，才能说明中国水利将向哪个方向演进；后者是指必须在理性和系统研究的基础上更新比较的中国知识，将中国水利发展作为一种特定类型来看待，探索具有中国特色的水利现代化之路。

2.1 中国水利发展史

中国水利发展史主要可分为夏商周、秦至东汉、晋至清初、清末至民国四个时期，本节介绍四个时期对中国水利发展具有较大意义的具体历史事件，重点关注各时期建设的治水工程和体现的治水思想，评价历史事件对当时中国的影响以及对整个水利现代化的经验启示。

2.1.1 夏商周——中国水利起步

夏商周是中国水利的初步发展时期，防洪治河、农田灌溉、航运交通等在这一时期逐步形成并发展起来。早期的水利实践首先聚焦于确保人类安全，特别是在防洪领域。人们在水域周边定居之后就通过建筑堤防、城墙、城区排水系统等进行防洪建设，并且随着社会经济水平的提高，不断提高防洪建设水平。防洪安全得到一定保障之后，水的供需矛盾就日益突出，这时各种引水、配水等供水系统的建设成为水利建设的主要内容，经济越发展，要求供水能力和保障能力越高。此外，为了政治经济的需要，航道水运也同时发展起来。

在防洪治河方面，尧采取了修筑堤坝、开凿水渠以及定期巡视河道等一系列措施来治理洪水。禹通过修建堤坝、疏通河道、引导水流等方法多方面开发水利，开展大规模治水活动，开启了以政府为主导的水治理体制。至春秋战国，奴隶社会逐渐变为封建社会，铁器逐渐代替了青铜器，水利事业也自黄河流域开始相应发展，战国时的赵、魏、齐等国在黄河下游已修筑较完整的防洪堤防。在农田灌溉方面，商代已有引水灌田的明确记载，商周时期实行井田制，把农田用道路、沟洫划分成井字形九区，以沟洫形成灌排水网。春秋战国时期，出于富国强兵的需要，各诸侯国普遍重视修建引水灌溉工程，其中以秦国的郑国渠和都江堰、魏国的引漳十二渠和楚国的芍陂最为著名。南方利用陂塘灌溉，如春秋时期的思陂及芍陂，北方利用渠系灌溉，如战国初期的智伯渠。在航运交通方面，春秋战国时期，出于战争运输兵饷的需要，各诸侯国普遍重视开凿运河。自春秋后期起，修建了连通太湖和长江的运渠、沟通江淮的邗沟，黄淮、济泗、江汉以及济淄之间也都修建了运渠。

这一时期对水利已有一些方略性的论述和记载。据《山海经》记载，大禹在治水过程中强调了因势利导，提出了“疏导”的治水方式。周灵王二十二年（公元前550年），太子晋提出了平治水土应遵守的七项准则。战国初期左丘明的《国语》一书，记载了战国初期的治水思想。《尚书·禹贡》《周礼·职方氏》《史记·河渠书》《管子·度地》《周礼·稻人》《考工记·匠人》《淮南子·地形训》等著作也记载了灌溉水质、地下水埋深、水流理论、渠系设计、测量方法、施工组织及管理维修等知识，这表明当时对水利已有多方面的认识。由于当时人们思想认知的限制，这些治水思想、言论、著作中可能存在一些不足之处，但是它们为后来的治水工作提供了重要的参考和借鉴。

2.1.2　秦至东汉——以北方为主的水利发展

秦至东汉时期是中国水利事业发展的重要时期，北方地区的灌溉水利得到了迅速发展和改善，为中国的经济和社会发展作出了重要的贡献。秦朝时期水利事业得到了初步发展，西汉时期水利事业尤其是北方地区的灌溉水利得到了迅速发展，东汉时期得到了进一步的改善和巩固。

在防洪治河方面，秦朝曾大量整修不合理的堤防，其后历朝历代防洪建设从未间断。西汉黄河已成地上河，经常决溢泛滥，多道分流。西汉倾全力修治，提出了不少方案和对后代有影响的论述。东汉王景治河修筑黄河堤防，规模空前，历经800多年没有发生大的改道与决口。在农田灌溉方面，这一时期是中国水利事业的第一个高潮。秦统一六国后，继承并发展了先秦时期的水利传统，加强了对关中、陕北、四川等地区的水利工程建设，修建了大量灌溉渠道和水利设施，其中最著名的是修建了沟通长江和珠江水系的灵渠，为农业灌溉、粮食运输和经济发展等创造了有利条件。汉武帝时期大兴水利，其中以政治经济中心所在的关中最多，关中泾、洛、渭各水系都大量开发引用，水利工程的修建直接推动了关中的社会经济发展，当时关中面积和人口仅占全国十分之三，而财富占十之五六。西汉重视开发水利，东部的汉、淮、汶等流域都有大规模灌溉工程，除西北外其他边远地区也有灌溉工程建设，还出现了因地制宜的坎儿井。东汉时期北方地区的灌溉水利得到了进一步的改善和巩固，如开凿白渠、整修郑国渠等。此外，还修建了淮河水利、大运河等大型水利工程，进一步提高了水资源的利用效率。在航运交通方面，汉代江淮以南地广人稀，财富物产多由水道向西北运输。由政治中心控制南方及用兵征伐都需利用水运，开发跨流域的水运和延长天然水道都需要开挖运河。汉代自长安和洛阳修建运渠通黄河，再利用先秦及秦代已有的水道，可通江南，远至珠江。

在秦至东汉时期，治水的思想、言论、著作涉及了许多重要文献和学术观点。《淮南子》中有篇章专门讨论了治水的方法和原则，强调了水利工程的重要性，并提出了具体的治水策略。司马迁所著的《史记》中有"太湖图"的记载，描述了秦始皇修禹渠来治理长江流域、太湖地区水患的情况。这些文献和著作都对治水的思想、方法和技术进行了总结和论述，对于当时治水实践起到了积极的指导作用，为后世治水工作奠定了基础，在一定程度上对今天的水利工程建设和管理仍具有重要参考价值。

2.1.3　晋至清初——以南方为主的水利发展

此阶段为中国古代水利最发达的时期，水利在政治经济中占有重要地位，是当时国家的头等大事，水利普及全国，门类齐全。水利工程建设达到高潮，水利技术达到中国古代的最高水平。

在防洪治河方面，北宋黄河又开始频繁决口，治河防洪再次提上议事日程，同时期长江干流中游的商业和交通重镇也开始筑堤。黄河于南宋年间开始夺淮入海 700 年间，与淮河、长江相互纠结，带来巨大的防洪问题。明清两代治河投入的人力、物力和财力超过以往任何朝代，清代河工经费一度高达国家财政收入的八分之一至六分之一。在农田灌溉方面，隋唐宋时期，农田水利取得长足发展，长江中下游及太湖流域的塘浦圩田日渐发展，始建于秦汉时期的河套平原引黄灌区、岷江流域的都江堰等灌排工程体系等都得到进一步发展。明清时期，珠江流域发展成为我国南方重要经济区，围田与基围发展迅速，有效扩大了耕种面积。在航运交通方面，隋朝开凿运河，将海河、黄河、淮河、长江和钱塘江五大水系联系在一个水运网中。唐、宋以及五代期间，南北大运河成为各王朝都城的生命线。元代定都北京后，在南北大运河基础上开凿京杭大运河，使北方政治中心与南方经济中心连接起来。明清时期"国之大事在漕，漕运之务在河"，河务之要是"治河保漕"。

晋朝至清初是中国历史上水利思想和著作繁荣发展的时期，许多重要的水利思想家和专著涌现出来。北魏时期郦道元所著的地理著作《水经注》，详细描述了中国各地的水系、河流、湖泊以及水利设施和水利管理情况，系统地总结了中国各地的水利特点和治理方法，成为后来水利学研究的重要参考资料。北魏时期贾思勰的农学著作《齐民要术》，系统地介绍了农业、水利等方面的知识和技巧，包括水坊、水车、渠道、水库的修建和管理等内容，对于推动农业生产和水利工程起到了重要的指导作用。这一阶段历朝历代多组织编纂河渠志，形成了《新唐书·地理志》《宋史·河渠志》《金史·河渠志》《元史·河渠志》《明史·河渠志》《清史稿·河渠志》等书，总结了当时先进的水文水利理论知识、水利工程建设技术方法、水利管理制度、水患灾害防治措施、水利工程建设对经济社会发展的影响等，汇集了当时的水利智慧和实践经验。这些水利思想和著作在晋朝至清初的历史时期起到了重要的推动和影响作用，丰富了水利知识储备，促进了水利技术的发展，并为后来的水利工程和水利管理提供了宝贵的经验和启示。

2.1.4　清末至民国——全国水利衰微和西方技术引进

19 世纪中叶，世界已进入资本主义发展的时代，水利科学与技术也飞速发展，而同一时期的中国由于闭关锁国，故步自封，逐渐落后于西方国

16

家。清代中后期人口的大发展，加重了人口压力，而清末和民国国力衰退，治水无力，致使水旱灾害越来越严重。中国水利在局部地区虽有所发展，进行了积极的探索和努力，但在技术和资金等方面仍然存在许多挑战，部分工程并未取得预期效果，这一时期总的来说水利发展日益衰落。

在防洪治河方面，为了加强对河流的控制和调节，清末民初开始兴修堤坝和水闸，同时进行了清淤疏浚、河岸固护、堤坝加固等大规模的河道整治和维护工程。由于黄河频繁泛滥给沿岸地区带来严重的灾害，这一时期进行了多次黄河改道工程尝试，其中最著名的是 1912—1938 年进行的引黄工程，旨在将黄河引入山东半岛，减轻河道压力和洪水威胁。在农田灌溉方面，各地政府投资修建灌溉渠道、水库和水泵站，提高农田的灌溉条件，增加农作物产量，并改善农民的生活状况。经过历代的努力，到 1949 年，全国灌溉面积发展到 2.4 亿亩❶，但设施都比较简陋，保证率很低。提水工具基本上仍是利用畜力水车、人力龙骨水车以及天车和风车等设施，全国机电排灌面积为 378 万亩，仅占全国灌溉面积的 1.6%。70% 的机电灌排面积集中在较为发达的江苏省，其他主要分布在浙江、天津、河北、辽宁、广东等沿海地区。在航运交通方面，内河航道基本上处于天然状态。1934 年起，在苏北运河上兴建起邵伯、淮阴、刘老涧等 3 座现代船闸，船闸采用了当时世界先进的钢板桩和混凝土材料技术，至此我国开始有了先进的大型船闸。1937 年起，在长江上游支流綦江及其支流蒲河上实施渠化工程，引进西方先进技术，建成了中国历史上第一个"二级连续船闸"，其中规模最大的车滩大利船闸技术、工程规模等方面基本接近世界同期同类工程先进水平。

西方的近代科学技术包括水利科学技术，从 19 世纪后期传入中国。一批爱国的水利科学家从国外学成归国，兴办水利教育，培训技术人才，开始进行水文气象地形等方面的测量工作，修建涵闸、机电排灌等设施，建设水库、水电站和船闸等水利工程，使中国进入近代水利。尽管不少志士仁人献身水利，希望用近代水利技术减缓水旱灾害，但在当时的社会经济条件下，除了研制一些治水规划外，不可能办成多少实事。1915 年我国创设了第一所培养水利人才的学校——南京河海工程专门学校，为我国水利事业培养专门人才。1917 年以后，黄河、淮河、海河、珠江等流域相继设

---

❶　1 亩 ≈ 667m²。

立水利机构，均提出了整治计划以及水利工程的规划设计，但由于经费不足和战争等，大多未能实施。1919 年孙中山先生发表《实业计划》，以民国初年江、河、海初步勘查成果为依据，提出了整治长江、黄河、海河、淮河、珠江五大江河的水利规划。尽管这些规划有它的局限性，但仍极大地鼓舞了当时有志于水利事业的知识分子。

2.2　西方水利发展史

西方水利发展历史包括古代时期、中世纪时期、工业化时期、现代时期四个时期，每个时期都有其独有的特征和重要的水利工程，对于水利发展的影响也不尽相同。思想观念发展和生产力改革对西方水利发展产生了重要的影响，本节总结主客二元对立世界观对水利发展潜移默化的影响，以及机器生产力提升对水利工程技术发展的决定性作用。

2.2.1　古代时期的水利发展

古代时期自公元前 3000 年至公元 5 世纪，涵盖了古希腊、古罗马、古埃及等文明的水利发展。这些文明在农业灌溉、城市供水和排水系统等方面进行了重要的工程建设，如罗马水道系统和尼罗河灌溉系统。在这一时期，水利是为了满足农业生产的需求而发展起来的。古代西方文明中的埃及、罗马等国家建立了众多灌溉系统和排水系统，利用河流和渠道将水引入农田，提高农作物的产量。这些古代水利工程中有许多至今仍然存在，如埃及的尼罗河灌溉系统和罗马的水道系统，为后来的水利发展奠定了基础。

古希腊人利用山区丰富的河流资源修建了以地下管道和浇水渠道为特征的灌溉系统，将水引入农田进行灌溉。为满足城市用水需求，也建设了城市供水系统，例如，雅典建设了从周边山区引水到城市中心的供水管线和水库。古罗马修建了众多供水系统，其中最著名的是罗马水道系统，它通过高架桥、隧道和地下管道将水源从远处的山区引导到城市，解决了城市居民的供水需求。古罗马还在农业方面修建了大规模的灌溉工程，通过修建灌溉渠、堤坝和水闸等设施，有效地改善了土地的水文条件，提高了农田的产量和质量。古埃及人修建了广泛而复杂的灌溉系统，包括渠道、水坝和水闸等，通过合理规划和管理，他们实现了对洪水的有效利用，提高了农业生产的效率和稳定性。

在治理和管理方面，古希腊重视公共管理和协作，通过制定法律和规章确保公平分配水资源，并对违反规定者进行处罚。古罗马注重法律与秩序，制定了一系列法令和条例，保护水资源的合理利用，并惩罚滥用或破坏水源的行为。古埃及人发展了测量水位和洪水预测的技术，观察总结了尼罗河年度的涨水和退水规律，用以应对洪水和干旱等水文变化，合理规划农田的灌溉时间和面积。古希腊、古罗马和古埃及的水利发展对后来的水利工程和管理产生了深远的影响，他们的技术创新、管理经验和法律制度，为西方水利发展打下了坚实的基础，并在一定程度上对整个西方地区的水利工程建设和管理产生了深远影响。

2.2.2　中世纪时期的水利发展

中世纪时期从公元 5 世纪至 15 世纪，这一时期的水利发展相对较少，主要依靠传统的农耕灌溉和小规模的抽水设备，欧洲大陆的修道院对于土地改造和水资源管理起到了一定作用。中世纪时期的水利思想主要以实践经验为基础，并受限于当时的科学知识和技术水平。这些思想虽然相对简单，也对后来的水利发展产生了一定的影响。

罗马帝国走向灭亡后，欧洲许多地区的水利设施开始衰落。然而，在中世纪早期，一些地区仍保留了古罗马时期的水利工程，如引水渠、堤坝和水轮机等。荷兰开发了先进的排水系统，修建堤坝、挖掘排水沟渠，并使用风车排水，使得大片土地免受水患影响，能够用于农业生产。英格兰在中世纪时期进行了一系列水利工程的建设和改造，其中最著名的是英国修道院的水利系统，修道院修建了渠道、水轮和堰坝，用于灌溉农田、驱动磨坊等。意大利城邦致力于维护和改进古罗马时期的水利设施，例如，在佛罗伦萨修建了广泛的排水系统，确保城市内的道路和建筑物不受洪水侵袭。法国建设了灌溉工程以支持农业发展，尤其是在南部地区进行了灌溉渠道和水闸的建设，提高了农田的灌溉效果，并帮助农民应对干旱和水源不足的问题。

中世纪时期西方国家的社会组织结构——社区和修道院在水利管理中发挥了重要作用。修道院在耕地和农田灌溉方面起到了组织和协调的作用，他们通过共同管理灌溉渠道、水井和水源，确保整个社区的供水需求。此外，当时基督教的宗教观念也涉及水利方面，一些修道院和教堂关注水资源的合理利用，强调水的净化和神圣性，将水视为灵性和象征意义的重要元素。可以看出，中世纪的西方国家积极推进水利工程的建设，但受技术和资源限制，水利发展相对有限，许多工程规模较小且具有地方性。水利思想也较为简单，直到近代工业革命时期，水利工程和思想才得到更大规模和系统化的发展。

2.2.3　工业化时期的水利发展

工业化时期自 18 世纪末至 19 世纪末，这一时期工业革命的兴起推动了西方水利的快速发展。随着技术的发展和科学知识的进步，水利发展经历了重大的变革和创新，水利工程日益发展，水利思想逐渐演变，建设了一大批大规模的水坝、水库等水利工程，以满足工业用水和能源需求，并为现代时期的水资源管理奠定了基础。

18 世纪末至 19 世纪初，英国兴建了大规模的运河系统，如曼彻斯特—利物浦运河和伯明翰—利兹运河等。这些运河连接了不同地区，实现了廉价的货物运输，促进了工业品的流通和产量的增长。19 世纪末至 20 世纪初，美国伊利诺伊和密西西比河谷地区频繁受到洪水威胁，为了解决这个问题，进行了大规模的防洪工程建设，包括修建堤坝、挖掘排水渠和改善河道管理。德国的鲁尔河流域成为欧洲最重要的工业区之一，该地区有丰富的煤炭资源，水力发电和运河建设在这里扮演着重要角色，修建了许多水力发电站和运河渠道，为工业生产提供了廉价的能源和便捷的物流。19 世纪，法国政府对巴黎的塞纳河进行了系统的改造，包括拓宽河道、修建堤岸、挖掘河湾等，这些工程改善了水流条件，增加了航运能力，促进了城市的经济和发展。在工业化时期，荷兰继续扩大和改进其排水系统，修建了更多的风车和抽水站，以有效地排除土地上的积水，开发出更多可耕种的土地，支持农业和城市化的发展。这些重要的水利发展推动了西方国家的工业化进程，促进了资源利用和交通运输的发展，为经济繁荣和社会进步奠定了基础。

工业化时期带来了大规模的工业生产和城市发展，经济的飞速发展在部分地区以破坏环境为代价。工业化导致了大量废水和污染物的排放，这些污染物被排放到河流中，引发了水体污染问题。许多河流受到了工业废水、农业化学品和生活污水的严重污染，对水生生物和生态系统造成了损害。此外，为满足工业和城市的用水需求，一些地区过度开发水资源，过度抽取地下水和调节河流水流，导致地下水位下降、湖泊干涸以及河流生态系统的破坏，一些河流甚至因为长期的水资源争夺而引发国际争端。大批水利工程的建设也对自然环境产生了负面影响，例如，大坝和水库修建影响鱼类洄游和沿岸湿地的形成，灌溉系统建设可能导致土壤盐碱化和湿地退化。这一时期，水利发展以人定胜天的思想为主，多数人以主客二元对立的世界观对待水利发展。人们将水视为一个客体，通过水利工程来控制自然、利用自然、改造自然。在这种观念中，人们将自己置于主体的位置，通过修建大坝、引水渠道、灌溉系统等手段来主动改变水的分配、流向和利用方式，以满足农业、工业和城市生活的需要。

2.2.4　现代时期的水利发展

20世纪以后，西方社会进入信息时代，机器工作效率达到较高水平。在这一时期，西方水利发展进入了数字化和智能化的阶段，现代化水利水电工程建设、灌溉、航运、供水、防洪体系基本完成，水生态环境保护技术持续提升，水生态环境改善。水资源已得到较大程度的开发，形成了较为完善的水利设施格局与体系，但是包括水资源在内的自然资源过度开发和浪费，导致自然资源退化，生态系统和水环境恶化等问题日益显露。因此，各国开始重视水资源的节约和对水环境的治理和保护。在这一时期，发达国家通过对治水思路和水政策的调整，寻求人口、资源、环境与社会经济的协调发展，水利行业也进入了现代化的发展进程。

1964年建成的以色列全国输水系统能够将加利利湖水和中部的地下水连接成为一个整体，并逐步实现了计算机联网控制，根据各地区用水需求统一调度，同时实现将污水处理后提供给农业灌溉使用。目前以色列大多数地区供水系统已经与国家供水系统互联互通，形成一个整体供水系统网络。通过这个网络，人们可以根据不同的条件和需要将水从一个地方运往另一个地方。美国于20世纪30年代建设了著名的胡佛大坝，这被认为是世界上最具代表性的水利工程之一。工程的核心部分是一座高221m的混凝土拱形大坝，横跨科罗拉多河。胡佛大坝的建成不仅解决了科罗拉多河流域的洪水问题，还提供了大量的灌溉水源和电力供应，为周边地区的农业生产和经济发展提供了重要支持，并成为亚利桑那州和内华达州的重要旅游景点之一。胡佛大坝的建设标志着美国现代水利工程的高峰，对于水资源管理、洪水防治和可再生能源开发方面具有重要意义。

随着对环境可持续性和生态平衡的认识加深，一些人开始批评主客二元对立世界观在水利发展中可能带来的问题。他们认为，将水视为仅仅是一个可供利用的客体，容易忽视水作为生态系统的一部分以及其对生命和自然环境的重要性，倡导更加综合、生态友好的水资源管理方式，强调人与自然之间的相互依赖和共同发展。这一阶段的治水思想在水利工程发展中的观念和实践已经发生了很大变化，人水和谐共处、实现可持续发展等现代理念逐渐深入整个水利领域。在防洪治河上从"防御洪水"和"管理洪水"向"与洪水共处"转变；在水资源利用上，更加重视自然条件下的水资源承载力，维护水环境和水生生态系统的良性运行。现代水利工程越来越注重整体性、可持续性和生态保护，将人类活动与自然系统协调融合，以实现资源的有效利用和环境的可持续发展。这种转变反映了对主客二元对立世界观的质疑和超越，更加强调人与自然的共生关系和相互依存。

2.3　基于历史观的中国式水利现代化

历史观是关于历史的世界观和认识论，当遇到具体问题时，会依据形成的历史观作出判断和决定。随着历史上一系列重大事件发生，人们会逐渐形成自身的世界观和认识论，例如：历史发展的动力是什么？历史发展有没有规律？历史发展有没有目标或目的？当遇到下一次具体事件时，人们往往会依据历史观作出解释，从而进行判断和选择。基于历史观，通过总结大量水利工程相关史料，能够更好地认识中国水利发展的动力、规律、目标等问题，在中国式水利现代化的道路上作出进一步判断和选择。基于历史观探索和阐释中国式现代化道路，对于把握中国式现代化的历史进程、发展规律，以中国式现代化全面推进中华民族伟大复兴，具有重要的理论价值和现实意义。

2.3.1　中国水利发展的五个阶段

中国的水利现代化经历了长期而复杂的发展过程，至今已经过了萌芽期、发展期、繁荣期、缓慢期和追赶期五个阶段（表 2.1），这些阶段的特点反映了不同时期中国社会经济状况、政府政策和科技进步的变化，归纳总结不同时期中国水利的发展特点，对理解中国水利发展进程具有重要意义。

22

表 2.1 中国水利发展的五个阶段

发展阶段	发展时期	发 展 特 点
萌芽期	夏、商、西周	农业生产的兴起,水利工程开始发展
发展期	东周(春秋战国)	社会动荡,各诸侯国积极进行水利建设以满足农业生产和生存需求
	秦、汉	中央政权统一,水利工程得到进一步推广和发展
	魏晋南北朝	社会动荡,水利工程建设相对停滞或有所衰退
繁荣期	隋、唐、宋、元	繁荣时期,水利工程得到重视和发展
缓慢期	明、清	社会稳定,水利工程建设有所复兴和发展
	中华民国	社会动荡,水利工程建设受到一定影响,但仍有一些重要工程的兴建
追赶期	中华人民共和国成立以后	政府高度重视水利事业,进行了大规模的水利建设,改革开放以后进入了更加综合和可持续发展的阶段

(1)萌芽期。主要出现在夏、商、西周时期,这个时期水利工程处于初级阶段,人们开始兴修水利工程以满足农田的灌溉需求,修建简单的排水系统和灌溉渠道等基础设施。这一阶段水利工程具有简单、局部和以人力劳动为主的特点,其建设主要依靠人力劳动,技术相对简单,缺乏科学化的规划和管理,规模和范围较小、简单而原始,受生产力限制,仅能开展较为简单的水渠、堤坝和水库等小型水利基础建设。通过水利工程的建设和实践,人们积累了一定的水利技术和经验,为后续更加复杂和规模较大的水利工程奠定了基础。

(2)发展期。主要是从春秋战国时期至魏晋南北朝时期,水利工程建设是为满足战争和生存需要。这一阶段水利工程得到一定的发展和推广,开始在农业生产和社会生活中发挥重要作用,规模逐渐扩大的灌溉系统、水库、水闸等工程逐渐出现。春秋战国和魏晋南北朝时期,水利工程的建设受到了当时社会政治环境的影响。在春秋战国时期,各诸侯国为了提高农田灌溉条件和农业生产效益,积极进行水利建设。然而,在魏晋南北朝时期,社会动荡和战乱导致资源分散、投资减少和工程规模缩小,水利工程的发展相对停滞或有所衰退。这一阶段的特点反映了社会政治环境对水利工程的发展所带来的影响。

(3)繁荣期。主要出现在隋、唐、宋、元时期。在这一阶段,中国出现了相对稳定的政治局势和经济繁荣。政府治理相对有序,社会安定,为水利工程的规划、建设和管理提供了良好的环境。农业是当时中国经济的支柱，满足农田灌溉的需求成为重要任务。随着人口增长和农业生产的扩大，对水资源的需求不断增加，也推动了水利工程的发展。唐至清初期间，中国水利技术得到不断改进和传承，涵盖了灌溉、排水、防洪等方面。先进的工程技术和经验的积累使得大规模水利工程的设计、施工和管理更加可行和高效。中国水利事业也进入了高度繁荣和全面发展的阶段，大型水库、灌溉系统、排水系统、治理河流等大规模的水利工程项目开始建设，水利成为国家治理的重要组成部分。

（4）缓慢期。为明清至民国时期。明朝初期由于社会动荡和战乱，水利工程建设受到了一定的影响。到明朝中后期，尤其是万历年间，由于官府腐败、财政困难等，水利工程的修建进一步减少，甚至停滞不前，这个时期也被称为"万历之治"以后的"水利衰微"时期。清代初期，国家经济凋敝，水利建设仍然处于较低水平。随着清朝的逐渐稳定和疆域的扩张，一些地方开始重视水利问题，在水利工程的开发上取得了一定的成果。民国时期由于国内战乱和政治动荡，水利工程建设的规模和质量都受到了很大的限制，水利工程发展未取得重大突破。这一时期中国经历了多次社会动荡，经济遭受外部侵略、内部冲突等因素的严重破坏，政府投资能力受到限制，水利工程建设相对缓慢，发展进程受到一定限制或停滞不前。

（5）追赶期。新中国成立以后，政府高度重视水利发展，制定了一系列的国家水利发展规划和战略，投入大量资金、人力和技术资源，同时引进和吸收了国外先进的水利科技和管理经验，积极推动水利工程建设，三峡工程、南水北调工程等一系列大型水利工程项目得以实施，利用先进技术和管理理念实现水资源的高效利用和综合治理，为国家的经济建设和人民生活带来了巨大效益。从萌芽到发展再到繁荣，水利工程逐渐成为支持农业生产和社会稳定的重要基础设施，水利工程建设正处于在缓慢发展后的追赶阶段。近年来中国政府高度重视水利工程的建设和管理，通过投入资金和技术创新来提升水资源利用效率和水旱灾害防控能力。

2.3.2　中西方水利发展路径的相似性

中西方水利发展进程都遵循事件的一般发展规律，从起步到发展、从简单到复杂、从基础到成熟。

（1）起步阶段。水利发展的起步阶段是基于当地社会需求和资源条件，简单的技术手段可以满足基本需求。在早期的农耕时代和工业化初期，由于经济规模较小，社会发展水平不高，包括水利在内的科学技术尚处于发展和形成时期，人类对自然的抗争与控制能力相对较低，以依赖自然为主，水利建设基本为挖掘灌渠、修建水坝、打井等单目标和局部地区的兴利、除害设施，通过利用人力建设简单的水利设施以满足供水、灌溉等基本生产生活需要。例如，中国形成了黄河流域的引黄灌区、颍水灌区等古代灌溉系统；古罗马建造了众多引水渠和水道系统。这些起步阶段的标志性事件在当时的社会环境和技术水平下，尽力解决了当地的水资源需求，标志着人类对水资源管理的初步认识和实践，为水利发展的进一步演进奠定了基础。

（2）发展阶段。随着社会经济的发展和技术进步，水利发展涉及了更复杂的工程设计和建设，如大型灌溉系统、水坝和引水渠等。水利工程逐渐得到推广和应用，以满足日益增长的需求。随着科技进步和工程技术的发展，水利工程开始采用自动化监测和控制系统、节水灌溉技术、可再生能源的利用等更先进的技术和设备。中西方都在一定阶段利用先进的技术手段进行了大规模的水利工程建设，例如中国的长江三峡工程、南水北调工程，西方的大坝、水库和运河系统等。这一阶段工业化进程带来了生产力的显著提升，对水利发展也产生了重要影响：一是科学技术的快速发展和改革创新推动了水利工程技术的进步。工业化为水利领域引入了泵站、水轮机、排灌设备等更先进的设备、工具和技术，提高了水资源开发和管理的效率。二是用水需求的增加推动了水利基础设施的建设和改善。工业化对水利基础设施（如水库、灌溉系统、调水工程等）的需求增加，这些基础设施的建设和管理成为促进工业化和农业现代化的关键要素。工业化加速了城市化进程，人口向城市集中，生活用水需求增长，同时材料加工、冷却、清洗和能源生产等工业生产需要大量用水，使得城市对稳定供水的需求增加。三是电力需求的增长推动了水力发电的发展。工业化促使水力发电成为一种重要的能源来源，通过建设水力发电站，将水能转化为电能，为经济发展提供了可再生能源的来源，但也可能影响河流生态系统和河流自然流量。四是发展同时也带来生态环境的负面影响。工业活动产生的大量废水和废弃物，对水资源和环境造成一定的压力。

（3）可持续发展阶段。工业化对水利发展起到了重要促进作用，带来了先进的技术和设备，提高了水利工程的效率与产能，同时也带来了一系列的生态环境影响。近年来，中西方都开始重视环境保护和可持续发展的理念在水利发展中的应用，注重生态修复、保护水质、节约用水等成为共同的关注点，以确保水资源可持续利用和生态平衡。因此在水利发展中需要平衡水利发展和环境保护之间的关系，加强环境保护与管理，实现可持续发展。

综上所述，相似性分析表明中国水利发展历程和西方历程较为一致（图 2.1）。受近代以来一些因素影响，当前我国水利发展阶段相比西方发达国家有一定的滞后，可以借鉴西方水利发展历程，为我国水利现代化的发展途径提供参考。

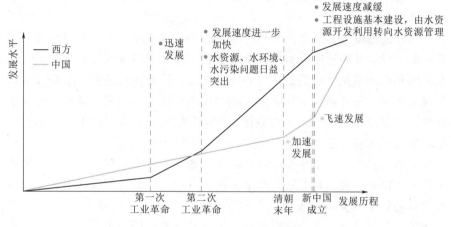

图 2.1　中西方水利发展历程

2.3.3　中西方水利发展路径的差异性

中西方水利发展历程有一定的相似性，同时中国水利发展的道路也有其独有的特点，从差异性的角度分析中西方水利发展历程，是形成具有中国特色的水利现代化发展路径的重要手段。

从地理环境上看，西方国家面积相较于中国较小，地理条件相似，面临的水问题较为一致。而中国是世界第二大国，陆地面积约为 960 万 km²，幅员辽阔，拥有复杂的河流体系，面临的水问题更加复杂多样。北方地区大部分属于干旱或半干旱气候，水资源短缺问题严重，尤其是华北地区人口密集，水资源供需矛盾更为突出，水资源短缺、地下水超采和地下水位下降等问题严重。南方地区气候湿润，水资源相对较丰富，但由于人口密集、经济发展快速以及工业和农业活动的增加，也面临着水资源供需紧张、水质污染和生态破坏等问题。西部地区主要是资源型缺水，大多数地区用水依赖于山区融雪、降雨和地下水资源，由于气候干旱和地质条件等因素，存在着供水困难和水资源管理的挑战。

从历史沿革上看，西方国家在水利工程方面的发展相对较晚，尽管在罗马帝国时期有一些重要的水利工程，如罗马的供水系统、浴场和渠道，但在整个欧洲范围内，水利工程的规模和技术水平远远落后于中国。直到近代工业革命以后，西方国家才迎头赶上。而中国的水利史可以追溯到几千年前，比西方更加悠久，创造了许多高效的水利工程，留下了无数先进的治水思想。中国在水利史上积累了丰富的经验和智慧，为中国式水利现代化建设提供了宝贵的借鉴内容。在解决水资源管理、灌溉技术、工程管理和生态保护等方面，均可以从中国水利史中吸取经验和教训，推动中国水利发展。

从政策和管理制度上看，西方国家多数采用民主政治体制，政府的权力被制衡，在水利发展中更加注重市场化和私有化的原则。水利决策可能涉及多个利益相关者，许多西方国家将水资源的开发和管理交给市场机制和私营部门，鼓励私人投资和竞争，以提高效率和创新能力，政府主要扮演监管和政策制定的角色。中国采用的是社会主义政治体制，政府在经济和社会事务中具有较大权力，可以集中决策和资源配置，在水利发展上采取了强调集中管理的方式。历史上，中国政府扮演着重要角色，对于水利工程的规划、建设和管理有着直接的参与和指导。这种集中管理的模式可以有效整合资源，实施大型水利工程，并确保其运行和维护。

从社会经济发展阶段上看，西方国家近现代发展进程相对较快，并且目前在水利领域处于相对领先地位。西方国家在水利发展上经历了漫长的历史过程，积累了丰富的经验和技术成果，在水利工程、管理制度、政策法规等方面已经相对成熟，并建立起健全的水利基础设施网络。相比之下，中国的水利发展尽管在历史上有悠久的传统，但在现代化的进程中仍面临许多挑战和需要发展的领域。随着人口增长、城市化进程和经济发展的压力，中国面临着日益紧张的水资源供需矛盾和水环境问题，仍要继续加大在水利设施建设、水资源管理和生态保护等方面的投入和努力。

差异性分析表明，中国式水利现代化进程存在特殊性，因此发展道路和西方不完全相同。中国近年来在水利领域已经取得了一些显著的成就，建设了如三峡工程、南水北调工程等大型水利工程，但由于国情和发展需求的差异，中国仍面临着许多特殊的挑战和任务，需要持续努力推进水利发展，并借鉴西方国家的经验和技术，在适应自身国情的基础上找到符合中国国情的水利发展路径。

2.4 经验和启示

中国式水利现代化既有基于自己国情的中国特色，也有各国水利现代化的共同特征。本节按编年史方法，分述各时期中西方水利发展史的重要事件中反映的水利工程和治水思想，在了解水利事件的基础上，采用历史归纳法和历史比较法分析中西方水利现代化进程及其对中国式水利现代化的经验启示。基于历史归纳法，概括水利现代化发展的主要阶段，对前述各个水利事件进行总结与分类。基于历史比较法，对比中国和西方水利发展史的相似性和差异性，从相似性里分析水利现代化的普遍道路，从差异性里分析水利现代化的特殊道路，总结中国式水利现代化能够借鉴的经验以及需要规避的教训。

2.4.1 中国式水利现代化是传承中华民族几千年治水理念和实践的现代化

中国拥有悠久而丰富的水利传统和经验，古代农民智慧地创造了灌溉渠系、水门堰闸等用于灌溉、排水和防洪的技术和工程，为农业生产和社会稳定作出了巨大贡献。这些古代水利工程的成功经验和创新理念，形成了中国式水利的独特特色，为今天的水利现代化奠定了基础，并为水利发展提供了宝贵的借鉴和启示。随着时间的推移，中国水利工程在历史上经历了不断发展和改进的过程。从古代的水利智慧到现代科技的运用，中国在水利领域取得了显著成就。在现代化进程中，中国注重继承和发展传统水利智慧，同时积极引进和创新先进的技术和理念，使水利工程更加高效、智能和可持续。在现代化进程中，要注重与本土传统相结合，形成具有中国特色的水利现代化模式。因此，中国式水利现代化是在过去历史的坚实发展基础之上进行的现代化建设，充分利用了传统智慧和先进技术的优势。这种继承与创新相结合的方式使得中国能够更好地应对水资源挑战，促进经济发展和社会稳定。

2.4.2 中国式水利现代化是反思近代历史屈辱的现代化

在中国的历史发展过程中，特别是在清末和民国时期，水利现代化进程曾经面临一些困难和挑战，甚至出现了停滞和失败的情况。在清朝末年和民国时期，外部侵略、内部政治动荡等原因导致水利工程建设和管理陷入停滞状态。尽管当时也有一些水利工程的建设和改造，如修筑大坝、开辟新渠系等，但整体上水利事业的发展相对缓慢，没有形成全面推进的现代化进程。这主要受到政治、经济和技术等多种因素的影响。政治动荡导致政府的资源和精力分散，无法持续投入水利建设中。经济问题和社会不稳定也限制了水利现代化的推进。此外，技术水平相对滞后，缺乏创新和应用先进技术的能力，也影响了水利工程的发展。然而，新中国成立以来，特别是改革开放以后，中国水利现代化取得了巨大的进步。政府加大对水利事业的投入，推行一系列重大水利工程项目和制度改革，加强科技创新和人才培养，推动了水利现代化的快速发展。因此，我们可以看到中国式水利现代化是一个不断发展、创新和完善的过程。过去的失败经验提醒着我们在水利现代化过程中应当注意避免类似的困难和挑战，并且始终保持积极进取的态度，不断寻求创新和提升，以推动中国水利事业持续健康发展。

　　中华文明萌芽之初，治水的愿望早已有之。一代代中华儿女在水利事业上不断探索、艰苦奋斗，在实践中积淀了一系列先进的治水思想，留下了一批宝贵的水利工程，治水理念已经融入政治、经济、文化等方方面面。因此，中国式水利现代化，是具有历史传承的现代化。水利现代化是从中华优秀传统文化积淀的基础上传承发展的，人水和谐、疏堵结合等古代治水理念仍沿用至今，都江堰、大运河等古代水利工程仍熠熠生辉，历史留下的经验和教训是实现中国式水利现代化不能忽略的珍贵财富，也是现代水利走向未来的宝贵借鉴。中国式水利现代化，是具有深厚积累的现代化。虽然如今我国的水利现代化水平和部分西方国家仍存在差距，但五千年的治水史积累沉淀了丰富经验和智慧，为水利现代化发展打下了坚实基础，这些经验智慧在过去一个时期支撑了中国水利的发展繁荣，更将为新时期现代化道路的探索发展保驾护航。中国式水利现代化，是螺旋上升的现代化。现代化的实现不是一蹴而就的，中国古代水利文明曾在世界舞台上大放异彩，但一段时间的错误道路导致了水利发展停滞不前，甚至被追赶反超，只有不断在反思中前进，不断修正水利发展理念和前进方向，以更好地适应当下的现实条件，顺应未来的发展趋势，才能使得中国水利发展历久弥新，真正实现中国式水利现代化发展目标。

2.4.3 中国式水利现代化是总结西方水利现代化经验教训的现代化

西方国家的水利现代化探索的成功经验和失败教训，为中国式水利现代化提供了经验借鉴和反思案例。类似于中国现代化建设以西方现代化为借鉴，中国式水利现代化的探索，一开始是以西方国家的水利现代化作为模板和蓝图来参考的。西方国家的水利现代化是伴随着资本主义现代化的全过程，肇始于 19 世纪，基本完成于 20 世纪中后叶。大致历经四个阶段。第一阶段以单目标开发为主的水利建设时期，到 20 世纪初基本结束；第二阶段以多目标开发为主的大规模水利建设时期，自 20 世纪初至 20 世纪 50 年代；第三阶段以现代水管理为中心的综合治理时期，集中在 20 世纪的 60—70 年代；第四阶段是可持续发展时期。通过总结西方国家的水利现代化探索，可以看到，水利始终作为西方国家国民经济的重要组成部分发挥着重要的支撑与保障作用，水利不断吸收最新的科学技术成果进行提升改造，其自身发展也随着经济社会的不断发展而发展。水利现代化的主要特点是治水思路现代化、基础设施与装备现代化、科学技术现代化、水管理现代化。在借鉴西方国家水利现代化的经验中也要看到，西方文明中的主客二元对立的哲学观，以及资本主义发展固有的对资源无限掠夺的特点，也给西方水利现代化带来不少问题。例如苏联在中亚过度发展灌溉导致的咸海生态危机、美国加州调水导致的旧金山湾水质恶化和海水入侵问题、澳大利亚雪山工程因对生态影响估计不足而导致水源区斯诺伊河出现严重生态危机、"20 世纪十大环境公害事件"中的水污染事件等。这些反面教材也给中国提供了重要的反思案例，提醒我们不能一味照搬西方水利现代化的模式，必须结合中国发展阶段和禀赋条件，走出一条中国式水利现代化的道路。

第 3 章

从理论维度看中国式水利现代化

推进中国式水利现代化，就是用创新的理论指导创新的实践，在新的实践中不断创造新的理论的历史。需要从理论维度，准确认识自然水循环、水问题系统治理、人水相互作用的复杂性，准确把握我国国情水情的特殊性，深入剖析水资源自然-人工演变规律和相互作用关系，采用水文水资源、地理等学科有关研究方法，探索实现中国式水利现代化的理论路径，为推进中国式水利现代化进程提供理论依据。

3.1 中国水利现代化的复杂性和特殊性

3.1.1 自然水循环过程的复杂性

一般认为，水循环是指水周而复始的运动过程，是物质循环的一种类型，包括多个环节，例如水的蒸发、水汽输送、凝结降落、下渗和径流等，其中降水、蒸发和径流是水循环过程的三个最主要环节。从循环形式来看，水循环可以分为海陆间循环、陆上内循环和海上内循环等形式。产生水循环的动力来源有太阳能、地球引力等。从水量动态平衡的观点来看，在一个足够长的时期里，全球范围水的总蒸发量等于总降水量。水循环过程是无限的，但并非用之不尽、取之不竭，某一段时间水量消耗量接近于该期间补给量，水平衡状态将会被打破，造成一系列不良水问题和生态环境问题。

水循环之所以复杂，主要是其具有时空分异性、随机性、不确定性等特性，而且水以气态、液态和固态的形式在陆地、海洋和大气间不断变化和循环，水循环机理也较为复杂。不同流域、不同年份、不同时段的水资源始终处于变化中，丰枯变化不同，例如我国海河、黄河、淮河等北方地区河流径流的年际变化幅度较大，丰枯变化显著程度也更为剧烈，连丰、连枯的现象更为明显。

此外，受全球和区域气候变化影响，我国水循环过程存在较大的不确定性，很难精准预测其变化过程及水量变化。当前全球气候变暖正加剧水安全风险，全国范围乃至全球范围特大洪水、特大干旱时有发生，部分河流湖泊丰枯变化更为剧烈，冰川雪原快速消融降低固态水资源储量，水平衡状态被打破，将直接对当地生态环境和水生生物资源产生严重影响。

3.1.2　水问题的复杂性

在全球气候格局演变与社会经济高速发展的双重驱动下，我国水系统正面临多维度的复合型挑战。传统水灾害风险尚未完全消除，新型资源性、环境性、生态性水危机又呈现叠加态势，形成了具有时空关联性、系统复杂性的多维度安全威胁。具体表现为：历史性水患威胁与现代化治理需求交织，总量性缺水矛盾与结构性用水困境并存，流域生态退化风险与环境污染压力共振。这些相互交织、动态演变的水问题集群，已逐步升级为影响国家水安全战略的系统性治理难点。

> **专栏 3.1　中国主要水问题**
>
> 1. 水灾害问题
>
> 洪涝灾害历来是中华民族的心腹之患。全国 70％ 以上的固定资产、44％ 的人口、三分之一的耕地、数百座城市以及大量重要的国民经济基础设施和工矿企业，都分布在主要江河的中下游地区，受洪水威胁严重。大规模土地开发利用、城镇化建设占用和压缩河湖洪水调蓄空间和生态空间，部分河道萎缩严重、行洪受阻，洪水调蓄能力大幅降低，部分行蓄洪区人口未得到有效控制。近年来我国部分地区暴雨突破有记录以来的极值，洪涝灾害多发频发，流域性大洪水时有发生，险情灾情多。例如，北京 "7·21"、郑州 "7·20" 等极端暴雨事件，导致城市发生严重洪涝灾害。2023 年海河流域发生流域性特大洪水，遭遇 1963 年以来最强降雨过程，发生 1963 年以来最大场次洪水；2021 年黄河中下游发生新中国成立以来最严重秋汛；2020 年长江流域发生新中国成立以来仅次于 1954 年、1998 年的流域性大洪水，淮河流域、太湖流域发生流域性大洪水，松花江流域共有 72 条河流发生超警以上洪水。

2. 水资源问题

水资源空间分布失衡，水已经成为我国严重短缺的产品，成为制约环境质量的主要因素，成为经济社会发展面临的严重安全问题。全国人均、亩均水资源占有量分别仅为世界平均水平的 1/4 和 1/2。北方地区以占全国 19% 的水资源量，支撑 46% 的人口、64% 的耕地和 45% 的经济总量。全国近 70% 城市群、90% 以上能源基地、60% 以上粮食主产区位于水资源紧缺地区，遇特殊干旱时缺乏有效的应对措施，跨流域跨区域水资源调配能力依然不足。在未来一段时期内，我国用水需求量仍保持较高水平，水资源供需矛盾愈加突出，保障供水安全压力越来越大。

3. 水生态问题

我国水生态环境容量有限、水生态系统脆弱，水生态空间被大量挤占、水生态系统质量偏低和水生态持续退化等情况尚未得到根本性改变，人口压力大，污染重、风险高的水生态环境状况还没有得到根本性扭转，一些地区水生态环境的破坏行为没有得到根本遏制，导致河湖湿地萎缩、绿洲退化，生态功能明显下降。2023 年，全国水土流失总面积 262.76 万 km^2，约占国土面积的 27%。海河、黄河、辽河流域水资源开发利用率较高，西北内陆河流开发利用已接近甚至超出水环境承载能力。2023 年全国地下水超采区面积为 28 万 km^2，引发地面沉降、海水入侵等严重生态环境问题。21 世纪以来，我国有 112 条河流出现不同程度的断流现象。

4. 水环境问题

水环境问题一直是我国的重要环境问题，直接关系人类群众饮水安全。2021 年全国地表水监测的 3632 个国考断面中，Ⅰ～Ⅲ类水质断面（点位）占比 84.9%，劣Ⅴ类占 1.2%，主要污染指标为化学需氧量、高锰酸盐指数和总磷。海河流域和松花江流域为轻度污染。开展水质监测的 210 个重要湖泊（水库）中，Ⅰ～Ⅲ类水质湖泊（水质）占 72.9%；开展营养状态监测的 209 个重要湖泊（水库）中，贫营养状态占 10.5%，中营养状态占 62.2%，轻度营养状态占 23.0%，重度营养状态占 4.3%。监测的 1900 个国家地下水环境质量考核点位中，Ⅰ～Ⅳ类水质点位占 79.4%，Ⅴ类水质点位占 20.6%。监测的 876 个地级及以上城市在用集中式生活饮用水水源断面（点位）中，825 个全面达标，占 94.2%。

3.1.3　人水相互作用的复杂性

我国水利现代化努力实现的重要目标之一是人水和谐。可以说，人与水是密不可分的，关系是十分复杂的。水是人类生存的生命线，也是实现经济社会可持续发展的重要物质基础，它对经济和社会发展具有不可替代的支撑和保障作用。水的这一特殊作用，决定了水利与国民经济社会发展的密切关系以及水利在国民经济社会发展中的基础性地位。

人类对水的作用，既包括日常生活生产对水资源的直接利用，也包括水利工程的建设对水资源储量和水循环过程的控制。不恰当的用水，将导致水资源浪费。同时，水库工程、堤防工程、调水工程、水闸泵站工程、农田水利工程等各类水利工程建设，其本身有利于解决防洪安全和供水灌溉问题，但同时也切断了自然水循环过程，阻隔了自然河湖水系沟通，带来水生态、水环境、水灾害问题，反过来制约经济社会的健康可持续发展。

人类的生存在于水，生态文明建设的核心在于水，高质量发展的关键在于水，人类的发展和安全均在于水。人居生存与生活环境舒适程度关键取决于水，在优先保证生活、生产用水的同时，必须逐步满足生态与环境修复、保护、建设对水的需求，处理和协调好人与水的关系。人类在取用水过程中，必须珍惜水、爱护水。

3.1.4　中国水情的特殊性

自古以来，我国基本水情一直是夏汛冬枯、北缺南丰，水资源时空分布极不均衡。受季风气候和大陆性气候影响，我国降水空间分布不均，总体从东南向西北方向递减。我国降水量年际变化大，年内分配集中。从年内分配看，我国降水一般集中 6—9 月，南北差异明显，北方地区此期间降水量占全年的 70%～80%，南方地区介于 50%～65%。

我国水资源的时空分布特征基本上与降水量相似，但其不均匀性比降水量更为突出。我国水资源总量的地区分布为南方多、北方少，山区多、平原少。北方地区土地面积占全国的 64%，水资源总量仅占 18%；南方地区土地面积占全国的 36%，水资源总量占 82%。水资源在各流域和区域间开发利用差异较大，不均衡问题突出。北方地区开发利用程度平均为 52%，南方地区开发利用程度平均为 15%。西南诸河区水资源开发利用程度不到 2%，是我国水资源战略储备的重要区域。

我国河湖水系众多，形成纵横交织的水系网络，发挥着供水灌溉、输水排沙、内河航运、水力发电等多种功能。根据第一次全国水利普查成果，全国流域面积在 50km² 及以上的河流总数为 4.5 万余条，总长度约为

150 万 km。流域面积大于 1000km^2 的有 2221 条，主要集中在长江、黄河、珠江、松花江、辽河、海河和淮河等大江大河流域内。我国湖泊众多，现有常年水面面积 1km^2 及以上的湖泊总数为 2865 个，总面积 7.8 万 km^2，其中常年水面面积 10km^2 及以上的湖泊 696 个，常年水面面积 100km^2 及以上的湖泊 129 个。

3.2　水利现代化研究的理论方法

3.2.1　基于水文地理理论的水利现代化研究

1. 流域水循环理论

全面系统解决水安全问题，必须建立以水循环和水流调配理论为基础的水资源调配模式，水循环理论综合考虑了人、水与资源、生态、环境、社会、经济之间关系，成为研究和解决复杂水问题的重要理论。

水循环理论是水资源管理领域的重要理论之一。随着人类活动加剧，对自然水循环过程干扰的加剧，人工/社会水循环概念被提出。通过河道开挖、水利工程建设、坡面改造等人工干预，受自然和人工双重驱动影响，在自然水循环路径之外形成新的水循环路径，使河道水系结构和连通性发生新变化，水资源被重新分配。许多专家和学者认为，水循环应从"自然-社会"角度去研究，不断丰富和完善形成了"自然-社会"二元水循环理论，研究的重点包括二元水循环理论和驱动机制、耦合与互馈机制、分析方法和模型构建等。

2. 地域分异理论

水资源是地球地表圈重要的物质和资源，也是地学领域重要的研究对象。地理学研究地理综合体空间分布规律、时间演变过程和区域特征，不只局限于传统地理学知识，还扩展至人地系统；不仅包括自然地理，还包括人文地理，具有多维、动态的视角。地球表面自然现象和人文现象空间分布不均匀，导致地理表现出突出的区域性特点，同时不同尺度表现出较强的区域特征和分异规律。例如，我国地势西高东低，地貌类型复杂多样，总体上以山地地貌为主，平地较少。地势整体大致呈阶梯状分布，一、二阶梯分界线为昆仑山脉—阿尔金山脉—祁连山脉—横断山脉，二、三阶梯分界线为大兴安岭—太行山脉—巫山—雪峰山。这一特点也使得我国的大多

35

数河流的流向是自西向东，同时夏季风所形成的雨带移动方向多为自西向东，与大多数外流河干流洪水汇流方向基本一致，易造成同一流域上下游洪水的遭遇和叠加，形成流域性大洪水。

为从人地关系的角度研究我国人口问题和农业问题，"胡焕庸线"的概念被提出，最初称"瑷珲—腾冲一线"。它被认为是我国人口发展水平和经济社会格局的分界线，并与我国夏季风过渡区重合，现状东侧仍居住着 94％的人口，西部仅居住 6％的人口，且经济差距更悬殊。由于胡焕庸线与 400mm 等降水量线基本重合，又是森林区和草原区的分界线，所以与水资源分布、生态环境密切相关，对于我国水资源宏观布局和优化调整、防洪减灾、区域水生态环境保护修复也有重要意义。

水安全对于区域经济社会发展的重要性不言而喻，但我国水资源分布与经济社会布局不相匹配。同时，水资源管理涉及流域与区域上下游、左右岸关系协调，需要结合我国地形地貌特点和水资源分布，按照经济社会发展的总体布局要求，从地域分异理论出发，研究水资源在流域与区域间、南北方的宏观调配问题。

3.2.2　基于自然适应理论的水利现代化研究

1. 基于自然的解决方案

基于自然的解决方案是在 2020 年被正式提出的，并建立了国际通用的框架，且已经在应对气候变化、促进生物多样性等领域中发挥了重要作用。它被定义是保护、可持续管理、恢复自然和被改变的生态系统的行动，能有效和适应性地应对社会挑战，同时提供人类福祉和生物多样性效益。通过制定和实施基于自然的解决方案，在产生社会、环境和经济效益的同时，实现恢复力，并可以在各种环境中发挥作用，包括沿海、淡水和城市。

世界自然保护联盟（International Union for Conservation of Nature, IUCN）于 2020 年正式发布了《IUCN 基于自然的解决方案全球标准》和《IUCN 基于自然的解决方案全球标准使用指南》。《IUCN 基于自然的解决方案全球标准》提出了社会挑战、根据尺度设计、生物多样性净增长、经济可行性、包容性治理、权衡、适应性管理、主流化与可持续性等 8 项全球标准。

水是自然资源的重要组成部分，塑造了地貌形态，同时对生物生命活动也是不可缺少。解决以水为纽带的自然问题，可以采取基于自然的解决方案框架和思路。例如，河湖具有较高的生态价值，自然变迁和人类活动均对河湖生态环境产生了深刻的影响。近年来我国河湖出现了较多的生态环境问题，水污染严重，连通性减弱，水生生物多样性降低，威胁人们生命健康。需要对受损河湖进行健康综合评价，诊断河湖存在的主要问题，研究河湖治理的总体目标，综合提出加快解决突出水资源、水生态、水环境和水灾害问题的解决方案，包括治理措施和管理措施，提升河湖生态服务功能，实现永续利用。

专栏 3.2　基于自然的解决方案制定

基于自然的解决方案制定总体可以分为以下三个步骤：

一是深入了解系统。在定义和制定解决方案之前，必须了解系统的全部以及组成内容，包括生物物理、社会经济和政府等领域知识。因为理解这些不同的领域将会带来双赢的解决方案，需要综合了解和评估风险。

二是将功能价值链接到系统。这主要是识别系统中具有的以及能够提供的功能和服务，并识别这些功能的价值，以区分现实的替代方案。这些方案不仅可以缓解和补偿问题，而且还可以保障系统在未来保持可持续性。

三是制定解决方案。主要针对以上基础工作提出具体解决方案和策略，包括设计细节、项目交付、监控、调整和维护等。

首先，应将河湖视作一个有机系统，识别河湖生态要素和结构，这既包括水流、河床、泥沙等河流自然构件，也包括与之有联系的水生动物、植物以及人类活动影响等。其次，深入研究不同地区河湖的生态、资源和社会等方面的价值，找出受损的河段，分析其成因。最后，因地制宜地对河湖建立保护修复目标，采取物理、化学、生物等手段，提出具体保护修复措施并加以实施。

2. 减缓适应理论

如何更好地应对气候变化挑战已成为当前重要前沿课题。从相关研究来看，主要是从减缓和适应两方面来应对气候变化挑战，且减缓和适应二者相辅相成，缺一不可。《国家适应气候变化战略 2035》指出，气候变化已对我国自然生态系统带来严重不利影响，并不断向经济社会系统蔓延渗透，未来一段时间全球变暖的趋势仍将持续，极端天气气候事件发生频次和强度预计将进一步增加，气候变化影响和风险的广度、深度也会进一步扩大。气候变化所带来的长期不利影响和突发极端事件，已经成为我国基本实现社会主义现代化和建设美丽中国进程中面临的重要风险。为应对气候变化挑战，我国将积极应对气候变化上升为国家战略，坚持减缓和适应并重，按照"主动适应、预防为主，科学适应、顺应自然、系统适应、突出重点、协同适应、联动共治"的基本原则，强化自然生态系统和经济社会系统气候韧性，构建适应气候变化区域格局，以应对气候变化不利影响和风险。

水利是应对气候变化的重要领域，需要在助推实现"碳达峰、碳中和"目标任务过程中贡献力量。由于近年来气候变化异常，我国部分地区暴雨突破有记录以来的极值，洪涝灾害多发频发，流域性大洪水时有发生，险情灾情多。随着全球气候变化进一步持续，将使得水文循环过程加剧，导致区域降水波动性增大，预计未来水资源系统的脆弱性、不确定性和灾害风险也将进一步增大。

做好水利领域应对气候变化挑战，应考虑我国特殊的国情和水情，注重强化底线思维，树立风险意识，从被动应对转向主动防控，超前谋划，综合施策。在减缓方面，加强全方位节水，全面实施水资源消耗总量和强度双控行动，强化水资源承载能力刚性约束，严格用水全过程管理，推进农业节水增效、工业节水减排、城镇节水降损。加强重要生态保护区、水源涵养区、江河源头区生态保护，推进生态脆弱河流、重点湖泊生态修复和水土保持工作。在适应方面，加快补齐水利基础设施短板，推进水利工程提质升级，提升水利基础设施公共服务水平，构建系统完善、安全可靠的现代水利基础设施网络。围绕防洪减灾、城乡供水、生态修复等领域，针对水资源脆弱区、自然灾害频发区等典型区域，适度、科学地提高防御标准与治理标准。

3.2.3　基于资源环境承载力理论的水利现代化研究

承载力一般指特定空间上的最大容量或最大限度。这一概念经常用于力学、人口统计学、应用生态学、水利学等。具体对于水利而言，已在水资源、生态环境等方面有了广泛应用，例如以水定城、以水定地、以水定人、以水定产，就是要在经济社会发展布局中充分考虑水资源的可能承载能力，以水为约束，合理规划人口、城市和产业发展。

水资源承载力分析是水资源调查评价工作的基础内容。当某一地区水资源承载能力超出可承受范围时，就会带来水资源短缺、生态环境恶化、地面沉降、咸水入侵等不良后果。目前我国三江平原、松嫩平原、辽河平原、西辽河流域、黄淮地区、鄂尔多斯台地、汾渭谷地、河西走廊、天山南北麓、北部湾等 10 个重点区域地下水超采问题较为突出。我国正在建立水资源刚性约束制度。水资源刚性约束制度是指在"以水定需"理念指导下，在科学测算水资源承载能力基础上，水资源刚性约束指标体系、水资源论证、用水许可以及监督管理等一系列政策措施的总称。这一举措，将为完善国家水资源配置格局、提高水资源利用效率、增强水资源安全保障能力提供坚实的基础支撑。

同样，生态环境的承载能力也是有限的。生态承载力主要是从生态系统的整合性、持续性和协调性出发，研究某一区域生态系统对人口、经济社会活动等的承载能力。水环境承载力通常研究对于某一区域和河湖对污染物的容纳承载量。在过去几十年发展过程中，部分地区忽视生态环境保护，生物化学需氧量、化学需氧量、重金属等指标超出允许值，导致水华、蓝藻、水生生物大幅减少等严重的水生态环境问题。这需要以承载力为基础，建立水生态环境评价指标体系，对排污、纳污等提出控制性要求和预防措施，并针对已产生的水生态损害、水环境污染行为采取有效治理措施。

专栏 3.3　水资源调查评价和承载能力理论

水资源调查评价是一项系统复杂的工作，重点是系统分析水资源演变规律和主要影响因素，评价水资源的数量和质量、开发利用情况、水生态等。其中，水资源数量包括降水、蒸发、地表水资源量、地下水资源量、水资源总量、水资源可利用量等；水资源质量包括地表水水质、地下水水质、主要污染物入河量等；水资源开发利用包括经济社会指标、供用水量等；水生态包括水生态用水状况、地下水超采等。水资源调查评价需要规范计算和汇总单元，涉及水资源分区和行政分区，在全国层面一般采用水资源三级区套地级行政区，在省级及以下层面可以进一步细分。

水资源承载力是针对流域区域的水资源条件和储量，评价该地区水资源对社会经济发展的最大支撑能力。开展水资源承载力分析，首先应开展该地区水资源调查分析基础工作；其次是建立评价方法和指标体系，计算不同分区承载能力和水平；最后得出评价结论。

水资源承载力评价的方法较多，如经验分析法、模糊评价法、层次分析法、系统分析法等，但不同方法适用范围和边界也不同。需要强调的是，水资源承载力分析与区域经济社会、生态环境等密切相关，需要深入分析人-水-经济的复杂关系，特别是人口、耕地、产业发展等与水资源关系极为密切，使得水资源承载力分析成果可以更好地服务于经济社会发展布局。

传统的水资源承载力评价结果可以分为未超载、濒临超载、超载等，其中超载又可以细分为轻度超载、严重超载。对于水资源承载力超载的，需要采取限制水资源开发利用策略或调整经济社会布局、产业结构，加强节水。对于水资源承载力未超载的，需要充分利用好水资源，发挥水资源最大的效益，避免出现超载。

3.2.4　基于现代管理理念的水利现代化研究

1. 最严格的水资源管理制度

21 世纪初，我国水资源面临水资源短缺、水污染严重、水生态环境恶化等严重问题。为促进水资源可持续利用和经济发展方式转变，推动经济社会发展与水资源水环境承载能力相协调，《中共中央 国务院关于加快水利改革发展的决定》（中发〔2011〕1 号）提出实行最严格的水资源管理制度，即建立用水总量控制制度、建立用水效率控制制度、建立水功能区限制纳污制度、建立水资源管理责任和考核制度，并将水资源开发、利用、节约和保护的主要指标纳入地方经济社会发展综合评价体系。

最严格的水资源管理制度是我国应对严重水资源安全的重大举措，与传统水资源管理相比，具有较强的可操作性和时效性，更加注重目标管理、体系建设和责任划分。在目标管理上，确定了水资源用水总量控制、用水效率控制和水功能区限制纳污"三条红线"指标体系，并将目标和指标分解到了流域和省市县，更为具体和落地。在体系建设上，以《中华人民共和国水法》等法律法规和用水管理条例为基础，构建了最严的水资源管理制度框架体系，包括"三条红线"（水资源开发利用控制红线、用水效率控制红线、水功能区限制纳污红线）管理制度，以及水资源管理责任和考核制度、水资源监控体系、水资源管理体制、水资源管理投入机制、政策法规和社会监督机制等保障措施体系。这一制度体系更加系统完备和严密精细。在责任划分上，进一步明确了各级人民政府、用水户和全社会的责任，尤其是县级以上地方人民政府主要负责人对本行政区域水资源管理和保护工作负总责这一要求，有助于解决部门间的沟通协调问题，有力提高了制度执行力。

2. 洪水风险管理理论

目前，世界各国防洪减灾管理策略均在转变，总体趋势是：从单纯的控制洪水向管理洪水转变；从单一的防洪向以防洪减灾兴利、发展经济与保护生态环境为综合目标的方向转变；从单纯的政府行为向政府与社会广大阶层结合的社会化管理转变；从单一的防洪向综合利用洪水资源转变。目前大多数国家已经开始转向韧性阶段建设。

洪水风险管理可以看作是适度承担风险的洪水管理模式之一，其本质是综合利用法律、行政、经济、技术、教育与工程等手段，合理调整客观存在于人与自然之间以及人与人之间基于洪水风险的利害关系。洪水风险管理不是要管理洪水，而是侧重于通过识别洪水风险，避免洪水可能对人类造成的损害。一般性风险管理包括风险识别、风险评估、风险决策、风险应对和风险评定等方面。在实施洪水风险管理中需要重点考虑环境背景因素，主要是流域下垫面的改变、防洪体系的建设、经济社会的变化和气候变化等。

目前我国提出了"两个坚持、三个转变"的防灾减灾救灾新理念，即坚持以防为主、防抗救相结合，坚持常态减灾和非常态救灾相统一，努力实现从注重灾后救助向注重灾前预防转变，从减少灾害损失向减轻灾害风险转变，从应对单一灾种向综合减灾转变。我国洪水风险管理需要遵循"两个坚持、三个转变"的防灾减灾救灾新理念，以洪水风险重点管理内容为核心，以防洪薄弱环节为导向，综合考虑环境背景条件的影响，突出分区管理的策略，以行政体制规范洪水风险管理的流程，确保洪水风险管理从预防和准备，到预警响应，再到恢复和重建，各个环节都能有效实施，协调流域与区域所产生的洪水风险关系，最大限度降低洪水风险，为我国防灾减灾工作提供基础支撑。

洪水保险是有效分散洪水风险的一种手段，洪水保险制度则是通过立法对洪水保险作出的制度性安排。洪水保险在防洪减灾管理中更多地被当作一种风险管理工具，其出现本就是为了分散灾害风险，发挥减灾救灾功能，是灾后救助体系的重要完善手段。相较于洪灾后的社会捐助与财政救济，洪水保险更具主动性和可持续性。洪水保险制度的建立一般需要具备政策可行性、技术可行性和供需可行性等条件。我国洪水保险在前期试点积累了一定的经验，加上我国整体经济实力的增强及水利、保险行业的快速发展，为洪水保险制度的建立创造了有利的条件。

专栏 3.4　国外洪水保险制度实践启示

国外洪水保险及巨灾保险在制度、模式、机制及实施过程等方面为我国洪水保险的开展提供了参考和借鉴。一些国家和地区针对某一或某些会带来严重风险损失的巨灾建立巨灾风险制度，属于单项巨灾保险制度，如美国和英国的洪水保险制度，日本、土耳其、美国加利福尼亚州的地震保险制度；部分国家和地区巨灾风险相对较低，建立了覆盖多种风险的综合性巨灾保险制度，如新西兰、法国、挪威、西班牙等国家的保险制度。按照推行方式的强制程度，主要可以分强制性与非强制性两类，如美国、法国、挪威、西班牙和土耳其的巨灾保险为强制性的，以英国为代表的巨灾保险为非强制性的。一些国家灾情复杂，推出国家层面和地区层面的保险计划或项目，如美国主要遭受洪水、地震及飓风灾害，联邦主要保险计划包括国家洪水保险计划、联邦农作物保险计划、人为巨灾保险计划；州巨灾保险项目包括加州地震保险制度、佛罗里达飓风巨灾保险制度、夏威夷飓风减灾基金等。

一是洪水保险制度的建立需要法律法规和政府政策支持。各国洪水保险的开展基本由政府来推动，由于洪水保险具有一定的强制性，都要首先立法来保障洪水保险制度的建立和有效运营，如美国出台了《全国洪水保险法》，英国发布了《洪水保险供给规则》。我国洪水保险制度的建立离不开法律法规的支持，初期探索阶段我国政府需要承担起风险和社会责任，立法上可以修改相关法律或制定洪水保险专项法律法规，政策上可以设立洪水保险基金，对保险公司给以财政支持或优惠，对投保人予以鼓励。

二是洪水保险模式的选择需要符合国情。各国都因地制宜地探索出符合自身的强制性、商业性或政府与保险公司合作的保险模式。我国和美国水情、工情都十分复杂，可以借鉴美国洪水、地震单项巨灾保险制度，同时结合我国基本国情及保险业发展现状，考虑建立政府政策支持下商业保险合作经营模式。

三是洪水保险机制的研究需要技术的支撑。国外洪水保险及巨灾保险的开展十分重视基础工作和关键技术的研究，包括洪水风险分析、洪水风险区划分、再保险机制研究、保险率图绘制及保险费率厘定等。如美国绘制了整个国家的洪水保险费率图，洪水保险费率采用无差别费率与有差别费率相结合；英国建立了洪水风险信息平台，对每个流域、海岸进行洪水风险调研，划分不同等级风险区域。我国需要加强基础理论和关键技术的研究，加强洪水风险管理的研究，进一步探索政府、（再）保险公司、承保人及社会的风险分散机制，绘制全国范围的洪水保险费率图，在风险分析基础上对保险费率进行厘定。

四是洪水保险工作的开展需要分阶段推进。从美国洪水保险发展的曲折历程看，其洪水保险制度建立前开展了大量实践工作，制度建立后又经过了多次修订和完善。我国洪水保险目前处于探索阶段，在巨灾保险制度大框架下，需要做好顶层设计或实施方案，明确现阶段的目标任务、内容及进度安排。

3.3　经验和启示

我国特殊的国情水情决定了中国式水利现代化必须从理论逻辑看待中国式水利现代化的中国特色，在尊重客观规律的基础上，探索出一套适用于中国实际的理论方法，统筹解决我国复杂的新老水问题，为中国式水利现代化提供理论支撑。

3.3.1　中国式水利现代化是基于特殊国情水情的现代化

中国特殊的水情特点以及复杂多变的水文情势，是中国式水利现代化必须遵循的客观规律。"善治水者，因势利导"，治水不同于其他要素的治理，在于治水的特殊性。这种特殊性一方面表现为水文循环的复杂、随机、关联，来水过程的不确定性，使得难以采用一种固定的、确定的治理手段和标准；作为陆生生态系统最为重要的基础性、支撑性的生态要素，水与土、林、草等生态要素相互结合，所以治水必然要与治山、治林等相互联系。另一方面在于我国特殊的水情，地处欧亚大陆东端的中国，特殊的气候模式和独特的地形地貌，使得我国的水情远比世界其他国家复杂。人多水少，水资源时空分布不均是我国的基本水情，我国水资源总量列世界第 5 位，但人均水资源量约为 $2100m^3$，仅为世界平均水平的 28%。受季风气候和地形的影响，我国降水空间分布十分不均匀，南北方、东西部、山丘平原差别很大；同时我国不同地区的降水年内年际分配极不均匀，南方大部分地区多年平均连续最大 4 个月降水多出现在 6—9 月，北方河流年径流量极值比可达 10 以上；而英国、法国、西班牙等西方发达国家受温带海洋性气候影响，全年降水较多，降水量季节分配较均匀。这些特殊复杂性结合在一起，给我国治水带来先天的挑战，是中国推进水利现代化不得不面对的客观情况。推进中国式水利现代化，必须遵循治水的客观规律和中国的实际水情，只有坚持科学治水、系统治水，始终把治水摆在系统的视角，才能探索出一条符合中国的水利现代化道路。

3.3.2　中国式水利现代化是基于我国复杂水问题的现代化

我国是世界上江河治理难度最大、治水任务最为繁重的国家之一。长期以来，由于不合理的水土资源开发利用和生态破坏，加之全球气候变化的持续影响，水旱灾害频发这一老问题依然存在，而水资源短缺、水生态损害、水环境污染等新问题更加突出，新老水问题复杂难治。从防洪安全来看，全国约 60％的国土面积受到洪涝灾害威胁，全国主要防洪保护区中较高标准（50 年一遇及以上）的面积仅占 39％，2023 年海河"23·7"流域性特大洪水暴露出防洪体系存在突出短板和薄弱环节；从水资源安全来看，全国 53％的国土面积处于水资源超载或临界超载区域；从水生态安全来看，全国 55％的国土面积为生态脆弱区，北方大部分地区水土资源开发过度、水资源超载问题严重，南方地区河湖生态空间侵占、水动力条件减弱等问题突出。推进中国式水利现代化，必须立足我国复杂水情，充分研究水灾害、水资源、水生态、水环境等新老水问题的成因机理，系统谋划解决思路和对策措施，全面提升水安全保障能力。

3.3.3　中国式水利现代化是遵循客观规律的现代化

水利是一种经验性的实践活动，是对自然现象的观察和实验结果进行总结和归纳而形成的理论体系。水利科学理论是通过长期对水资源的利用、水环境的保护和水灾害的控制等方面进行深入的研究和探索得出的结论，其采用各种方法和技术手段，如数值模拟、实验验证、统计分析等，揭示水文现象的本质规律和内在机理；同时，不断结合最新的科研成果和研究进展，并将其应用于实际工作中去。水利科学理论本质是建立在实证基础上，随着时代发展和人类进步，水利科学理论会不断地根据新的经验和数据进行调整和改进，同时，将不同的科学理论结合起来进行综合分析，可以帮助我们更好地理解和预测中国水利未来的发展。推进中国式水利现代化，必须遵循经济规律、自然规律、生态规律，基于对治水规律的认识和把握，将科学理论应用于实践，以新的视野、新的认识、新的理念谋划治水方略，制定治水政策，开创全新治水局面，为新时代治水提供科学指南。

第 4 章

从实践维度看中国式水利现代化

水利现代化道路是在长期实践中摸索出来的。新中国成立 70 多年以来，水利改革发展和水利工程建设的伟大成就惠及民生福祉、促进社会经济发展、助力实现共同富裕，是不断深化认识、凝聚共识，对中国式水利现代化思想体系的有益探索，也是坚持与时俱进、开拓创新，实现中国式水利现代化战略目标的重要现实基础。

4.1 新中国水利发展阶段及特征

纵观新中国成立以来的水利建设与发展历程，不同时期治水理念的转变和水利现代化发展阶段的变化不是凭空产生的，而是伴随生产力水平的提高、经济社会的发展、水安全保障需求的变化以及由此产生的新问题、面临的新挑战和新机遇共同决定的。总体上可将新中国成立以来，水利现代化发展实践划分为工程水利、资源水利、民生水利、水利改革发展新阶段四个阶段。第一阶段，20 世纪 50—60 年代。这一阶段主要是工程水利阶段，在主要的大江大河修建了一批重要的水利水电工程，取得了明显的除害兴利效益，有力促进了经济社会发展。第二阶段，20 世纪 80 年代至 90 年代初。这一阶段主要是资源水利阶段，逐步从以工程为主转向以资源配置为主，以江河流域为单元开展了较为系统的治理和开发，江河防洪、调蓄、供水能力显著提高。第三阶段，20 世纪 90 年代初至 21 世纪初。这一阶段主要是民生水利阶段，更加重视水利对于民生保障的作用，把水资源开发、防洪调蓄、水生态保护等内容更多地与保障和改善民生相结合。第四阶段，党的十八大以来。这一阶段水利改革发展进入新时代，以习近平同志为核心的党中央更加重视水安全保障工作，提出了"节水优先、空间均衡、系统治理、两手发力"治水思路，形成了以水安全保障为核心，坚持工程建设和制度建设相配套的水利现代化建设道路。

4.1.1　工程水利阶段

新中国成立初期，由于社会动荡和持续多年的战争，国力衰微、水系紊乱、河道失治、堤防残破，水旱灾害频繁，几乎所有的江河都缺乏控制性工程，频繁的水旱灾害使百姓处于水深火热之中。这种严峻的形势促使中央人民政府下决心尽快解决水利面临的主要问题，迅速地改变和改善水利对国民经济制约、对农业生产影响的不利局面，大力发展水利事业。20世纪50—60年代，依靠社会主义和计划经济的强大动员能力，我国开展了大规模的水利建设。这一时期的水利建设以治理水患、防洪保安为主要目的，同时注重农田水利建设，以快速恢复国民经济。

一方面，以防洪保安为首要目标，以大江大河治理为主开展大规模水利建设。新中国成立初期，长期战乱留下的水利设施寥寥无几且残缺不全，全国只有22座大中型水库，江河堤防仅4.2万km，许多江河都缺乏控制性工程，长江中下游地区、淮河、海河还遭受了严重的洪涝灾害，亟须恢复建设基本水利设施。在党中央领导下，以淮河治理工程、荆江分洪工程、官厅水库、黄河三门峡水利枢纽工程为首，在淮河、长江、海河、黄河等主要大江大河修建了一批重要的水利水电工程，取得了显著的除害兴利效益。据统计，1950—1952年，国家用于以大江大河治理为主的水利建设的投资共约7亿元，占预算内基本建设投资的10%。这期间国家对超过2.4万km的重要堤防进行了修整，直接参与人员达2000万人，完成土方超过17亿 m^3。以大江大河治理为主的大规模水利建设，改变了新中国成立以前河道失修的状态，基本上解除了我国人民几千年所受洪水灾害的严重威胁，保证了大部分地区农业生产和人民生命安全。20世纪60—70年代，丹江口水利枢纽、青铜峡水利枢纽、刘家峡水利枢纽、密云水库等一大批重大水利工程开工建设，在支撑国家农业发展、助力国民经济复苏方面发挥了举足轻重的作用。

专栏4.1　新中国成立初期的大江大河治理工程

1. 长江防洪治理工程

荆江是长江洪水灾害最为频繁、最为严重的河段，荆江大堤是长江中游地区重要的防洪屏障，直接保护着江汉平原约1100万亩耕地和1000余万人的生命财产安全。新中国成立后，中央人民政府未雨绸缪，研究荆江防洪问题。1950 年 8 月，长江水利委员会提出《荆江分洪初步意见》。经反复讨论论证，中央人民政府政务院于 1952 年 3 月 31 日作出了《关于荆江分洪工程的决定》。荆江分洪工程建成后，分洪区有效蓄洪容量为 54 亿 m^3，充分发挥了荆江分洪区的蓄洪、泄洪作用，保障了荆江防洪安全，保障了人民生命财产的安全。

2. 黄河防洪治理工程

黄河作为中华民族的母亲河，也是一条多灾多难的河流。为治理好黄河，毛泽东同志多次视察黄河，亲自制定和研究治理方案，1952 年 10 月发出"要把黄河的事情办好"的号召，将根治黄河工程列入国家重要议事日程，从此开启了真正治理黄河的伟大时代。1958 年，黄河三门峡截流工程截流成功。1974 年，黄河三门峡水利枢纽工程的改建工程完成，刘家峡、青铜峡等水库和水电站的建设也相继完成。其中，黄河刘家峡水利枢纽工程大坝截流后，可形成蓄水 49 亿 m^3 的水库，能够灌溉农田 1500 万亩。黄河青铜峡水利枢纽工程发挥着发电、灌溉、调节黄河水量等综合作用。

3. 淮河防洪治理工程

1950 年夏天淮河流域发生严重水灾，毛泽东同志连续 4 次对淮河治理作出重要批示。同年 8 月，政务院召开第一次治淮会议，10 月 14 日颁布《关于治理淮河的决定》，确定了"蓄泄兼筹"的治淮方针，以及治淮原则和治淮工程实施计划。1951 年 5 月，毛泽东同志发出"一定要把淮河修好"的伟大号召，把第一次大规模治淮推向高潮。在国民经济异常困难的情况下，修建了佛子岭、南湾等一大批上游山区水库，整治和修建了淮河中游河道堤防，兴建了三河闸、苏北灌溉总渠等下游入江入海工程，实施了沂沭泗地区导沭整沂、导沂整沭工程，完成了入沭水道、新沂河、新沭河等工程，修筑堤防 2919km、疏浚河道 819km、闸坝涵洞 92 座，对抵御洪水的威胁、保障淮河流域农业生产的丰收起了很大的作用。

4. 海河防洪治理工程

1963 年 8 月，海河流域遭受有历史记载以来最大暴雨，各河洪水猛涨，漫溢溃决，平地行洪，河北中部和南部地区一片汪洋。在党和政府的领导下，党政军民全力抗洪，以淹没大量良田进行分洪为代价，最终保住了津浦铁路和天津市的安全。毛泽东同志先后多次视察灾情、指导救灾工作，并于 11 月 17 日亲笔题下"一定要根治海河"，从此开启了海河流域历史上最大规模的群众治水运动，掀起了党领导下的流域治水事业新高潮。以 1973 年为界，根治海河运动第一阶段主要以大型骨干工程为主，共开挖和疏浚老漳河、子牙新河、滏阳新河、赵王新河、永定新河等骨干河道 31 条，增辟了入海口，大幅提升了排洪入海能力，显著提高了流域的抗灾能力，基本能够防御普通的洪涝灾害；第二阶段以续建和扩建等提高标准的工程为主，持续到 1980 年，实施了滹沱河中上游、永定河中上游以及卫河扩挖等部分中上游工程，新建了桥、闸和涵洞，使海河中下游初步形成了河渠纵横、排灌结合的水利系统，扩建和新建了一批水库，进一步增强了海河流域的防灾减灾能力。

　　另一方面，以增产增收为目标开展农田灌溉水利建设。新中国成立之初，全国农田灌溉面积只有标准很低的 2.4 亿亩，北方地区能够有效灌溉的耕地面积很少，南方地区水田大部分抗旱能力不足，部分地区旱灾频发。1952 年 12 月 19 日，政务院发布《关于发动群众继续开展防旱、抗旱运动并大力推行水土保持工作的指示》，全国各地普遍开展了以农田灌溉为主要内容的小型水利建设，都江堰扩建、河套灌区续建配套、人民胜利渠等工程陆续开工建设。逐步实行"旱、洪、涝兼治，蓄、引、提结合"的治理措施，从单一治理发展到综合开发利用，以小型水利建设为主，大、中、小结合，建设了多种多样的农田水利设施，为增产增收、快速恢复国民经济提供了重要的支撑保障作用，也构建了我国农田水利系统的基本体系。1956 年 1 月 23 日，中央政治局通过《1956 年到 1967 年全国农业发展纲要（修正草案）》，提出通过合作的方式实现大规模兴修水利、保持水土、变瘠薄废弃土地为肥沃良田，为农田水利建设与发展提供了纲领性指引。1958 年《中共中央关于水利工作的指示》明确提出水利建设"以小型工程为主、以蓄水为主、以社队自办为主"的"三主"建设方针。1959—1961 年，为解决粮食生产问题，在"水利是农业的命脉"的思想指导下，全国掀起了一场持续数年的农田水利改造高潮，兴建了一批中小型水库和少数大型水库，初步保障了灌区粮食生产用水安全和部分城镇供水需求，但工程技术含量不高，施工质量难以控制，缺乏规范的水利建设管理。1960 年，党和国家对水利工作提出了"发扬大寨精神，大搞小型，全面配套，狠抓管理，更好地为农业增产服务"的工作方针。全国性规模空前的群众性水利建设运动取得很大成绩，约上亿劳动力投身水利建设，共修建 900 余座大中型水库，农田灌溉面积达 5 亿亩。至 20 世纪 70 年代中期，全国范围大规模的农田水利建设广泛开展，治水和改土相结合，山、水、田、林、路综合治理，旱涝保收、高产稳产农田建设取得很大成绩，农田灌溉面积增加到 6.7 亿亩。

4.1.2　资源水利阶段

随着人口增长和经济社会快速发展，我国水资源状况发生了重大变化，水资源短缺问题充分暴露出来。据统计，20 世纪 80—90 年代，我国农作物旱灾面积达到 1129.4 万～1384.2 万 hm^2，是 50 年代的两倍以上。正常年份全国灌区每年缺水 300 亿 m^3，城市缺水 60 亿 m^3。全国年排放废污水总量近 600 亿 t，其中约 80% 未经处理直接排入水域。在全国调查评价的 700 多条重要河流中，有近 50% 的河段、90% 以上的城市沿河水域遭到污染。日益严重的水环境污染和水生态破坏，进一步加剧了水资源短缺矛盾，对我国经济社会可持续发展构成了极大威胁。

在老一辈水利工作者的积极倡导和努力推动下，水资源可持续利用作为实现社会经济可持续发展的必要前提，被提上水利建设与发展的重要日程。治水思路开始由工程水利向资源水利转变，强调水资源不能单纯作为人们开发利用的物质，而应该作为一种人们生活必不可少的宝贵自然资源来加以利用和保护。特别强调了水利要与国民经济和社会的发展紧密联系起来；解决我们面临的洪涝灾害、干旱缺水、水环境恶化三大问题，进行综合开发、科学管理。我国水利建设逐步从以工程为主转向以资源配置为主，以江河流域为单元开展了较为系统的治理和开发，江河防洪、调蓄、供水能力显著提高。

这一阶段正值改革开放以后，我国综合国力不断增强，投融资机制更加灵活，大批大型水利枢纽工程投入建设。工程规模加大，技术含量提高，质量管理趋于规范化，水利水电工程建设进入技术成熟期。资源水利以实现水资源的可持续利用为目标，以优化水资源配置和加强水资源管理为手段，注重提升水资源的优化配置，强调资源的重要性和市场的配置作用，更注重水资源配置和管理上的投入，包括制度建设和体制创新的投入，成为水利可持续发展的模式创新。

4.1.3　民生水利阶段

20 世纪 90 年代初至 21 世纪初，是民生水利阶段。这一阶段更加重视水利对于民生保障的作用，水资源开发、防洪调蓄、水生态保护等更多地与保障和改善民生相结合。

民生水利坚持以人为本，关注民生、保障民生和改善民生，是一个动态的、系统的、长期的工程，贯穿于防汛抗旱和水利建设、管理与改革工作的全过程各环节。在防汛抗旱方面，要始终把保障人民群众的生命安全和饮水安全、把受洪水威胁地区人员的安全转移、保障受灾群众基本生活需要作为关注重点；在水利建设方面，要切实呼应人民群众的水利需求，优先开展人民群众直接受益的基础设施建设，将保障和改善民生列入规划编制、项目审批、投资安排的首要原则；在水利管理方面，将维护群众的基本需求与合法权益放在水利管理中的突出位置，切实保障群众在水资源开发利用、城乡供水保障、用水结构调整、水利移民安置、蓄滞洪区运用补偿等方面的合法权益，坚决纠正损害群众利益的行为；在水利改革方面，把水利改革力度、发展速度和社会可承受程度统一起来，充分调动群众参与水权、水价、农村水利等改革，使水利改革成果惠及广大人民群众。

党和国家高度重视民生水利建设，先后作出了"要把水利作为国民经济的基础产业，放在重要战略位置""要把水利摆在国民经济基础设施建设的首位""把水资源同粮食、石油一起作为国家重要战略资源，提高到可持续发展的高度予以重视"等重要论断。推动水利工程建设与改革管理取得重要进展，切实解决了一些最突出、矛盾最集中、群众要求最紧迫的水利问题，增强了民生水利保障能力，扩大了民生水利成果效益。在工程建设方面，长江三峡、黄河小浪底、万家寨等重点工程相继开工建设，治淮、治太、洞庭湖治理工程等取得重大进展，集中开展了一批病险水库除险加固、农村饮水安全保障工程，新增灌溉面积 8000 多万亩。在改革管理方面，相继颁布施行了《中华人民共和国水土保持法》《淮河流域水污染防治暂行条例》等。

2008 年，为有效应对国际金融危机对我国经济的影响，大幅度增加了水利等基础设施建设投入，为加快建成一批重大水利工程创造了条件，其中，民生水利设施建设处于水利建设与发展的首要位置。水利部围绕农田水利基础设施建设、防洪减灾综合体系建设、农村水利基础设施建设、水资源配置工程建设、生态文明建设等五个重点领域，开展了大规模惠民利民水利工程建设，筑牢了水利保障民生、改善民生的根基，推动了水利工作跨越式发展。

4.1.4　水利改革发展新阶段

党的十八大以来，习近平总书记站在中华民族永续发展的战略高度，提出"节水优先、空间均衡、系统治理、两手发力"治水思路，将水安全上升为国家战略，统筹推进水灾害防治、水资源节约、水生态保护修复、水环境治理，办成了许多事关战略全局、事关长远发展、事关民生福祉的治水大事要事，为新时代水利事业提供了行动指南和强大动力。

2017年10月18日，党的十九大报告指出，中国特色社会主义进入新时代，我国社会主要矛盾已经转化为人民日益增长的美好生活需要和不平衡不充分的发展之间的矛盾。伴随社会主要矛盾的转变，我国治水主要矛盾发生深刻变化，人民对高质量发展、高水平安全、高品质生活的需求进一步增加。因此，必须充分认识新发展阶段对水利提出的新需求，把发展质量问题摆在更为突出的位置，把握好从"有没有"转向"好不好"的这个关键核心，全面提高水安全、水资源、水生态、水环境治理和管理以及水文化传承和保护能力，更好地满足人民对美好生活的向往，更好支撑社会主义现代化国家建设。2020年10月，党的十九届五中全会从推动经济体系优化升级、构建新发展格局、建设平安中国的战略高度，明确提出了"十四五"时期水利建设的目标任务：明确把加强水利基础设施建设作为加快建设现代化经济体系的重要内容，把推进重大引调水、防洪减灾等国家水网骨干工程建设作为构建新发展格局的重要内容，把大运河、黄河等国家文化公园建设作为提高国家文化软实力的重要内容，把强化河湖长制、建立水资源刚性约束制度、推进用水权市场化交易等作为推动绿色发展的重要内容，把维护水利基础设施安全、提高水资源节约集约安全利用水平、提升洪涝干旱防御工程标准等作为保障国家安全的重要内容。

2022年10月16日，党的二十大胜利召开，擘画了全面建设社会主义现代化国家、以中国式现代化全面推进中华民族伟大复兴的宏伟蓝图。2024年7月18日，党的二十届三中全会审议通过《中共中央关于进一步全面深化改革　推进中国式现代化的决定》，科学谋划了围绕中国式现代化进一步全面深化改革的总体部署。水利部党组提出落细落小落实进一步全面深化改革水利任务：推进水利行业自然垄断环节独立运营和竞争性环节市场化改革，健全监管体制机制；加快完善水旱灾害防御"三大体系"；健全重大水利工程建设、运行、管理机制；推进水资源价格形成机制改革，建立健全节水制度政策，落实水资源刚性约束制度；健全因地制宜发展水利新质生产力体制机制，充分发挥水利技术标准的导向性、引领性、推动性、基础性作用，构建数字孪生水利体系；推进用水权市场化交易、水利投融资等领域改革；全面推进水利安全生产风险管控"六项机制"；完善水利法治体系，着力提升水旱灾害防御能力、水资源节约集约利用能力、水资源优化配置能力、江河湖泊生态保护治理能力，为推动水利高质量发展、保障我国水安全提供强大动力和制度保障。

总体上看，这一时期是我国水利事业发展取得巨大成就的时期，在中华民族治水史上具有里程碑意义。在习近平新时代中国特色社会主义思想和习近平总书记"节水优先、空间均衡、系统治理、两手发力"治水思路的科学指引下，我国水旱灾害防御能力实现整体性跃升，农村饮水安全问题实现历史性解决，水资源利用方式实现深层次变革，水资源配置格局实现全局性优化，江河湖泊面貌实现根本性改善，水利治理能力实现系统性提升。

4.2　中国水利建设成就与成效

新中国成立以来，特别是党的十八大以来，在以习近平同志为核心的党中央坚强领导下，在习近平总书记"节水优先、空间均衡、系统治理、两手发力"治水思路和关于治水重要论述精神的科学指引下，我国水利事业实现一系列突破性进展，取得一系列标志性成果。

4.2.1　水旱灾害防御

在防洪减灾方面，我国七大流域基本形成了以堤防为基础，防洪控制性枢纽为骨干，干支流水库、蓄滞洪区、河道整治等工程措施和非工程措施相结合的防洪减灾体系，大江大河干流基本具备防御新中国成立以来最大洪水的能力，重点中小河流重要河段防洪能力明显提升，监测预报预警体系不断健全，为经济社会发展提供了有力的防洪安全保障。一是防洪工程体系不断健全。全国共建成 5 级以上各类堤防约 33 万 km，是新中国成立之初的 7 倍多，堤防达标率 77%，保护人口 6.82 亿人、耕地 6.29 亿亩；建成大中型水库防洪库容 1681 亿 m^3，尤其是三峡、小浪底、临淮岗等一大批控制性水利枢纽发挥巨大防洪效益；累计治理中小河流重点河段超过 9 万 km；98 处国家蓄滞洪区蓄洪容积达 1067 亿 m^3。二是防洪非工程措施体系日趋完善。全国建设各类水文测站 12.1 万处，监测能力不断增强；南、北方主要江河洪水预报精准度分别达到 90％、70％以上；水情预警服务更加精准，基本建成并逐步升级 30 个省级、2076 个县级山洪灾害监测预警平台；基本建成国家防汛抗旱指挥系统，基本形成系统完备、相互衔接、支撑有力、统一规范的水旱灾害防御预案体系。三是防洪减灾成效显著。新中国成立以来至"十三五"末，累计防洪减淹耕地 192 万 km^2，减免粮食损失 7.81 亿 t，防洪减灾效益 4.94 万亿元，重要城市防洪能力提升到 100～200 年一遇。全国洪涝灾害损失占国内生产总值的比例由上一个 10 年（2004—2013 年）的 0.51％下降到 0.24％。

专栏 4.2　2016 年长江流域性大洪水防御

2016 年，长江发生 1998 年以来最大洪水。梅雨期长江中下游干流附近大部地区降雨量较历史同期偏多 1 倍以上。流域降雨集中、强度大，多地创历史极值。如，6 月 30 日 8 时至 7 月 6 日 17 时，主雨带位于三峡区间、长江中下游干流附近及洞庭湖水系，武汉气象站累计雨量 581.5mm，刷新了武汉有气象记录以来周降水量最大值，超过常年主汛期 3 个月总雨量（562.1mm），内涝严重，"城区看海"。受影响比较严重的还有南昌、南京等城市。中下游洪水遭遇恶劣，干流主要控制站超警戒水位时间 8～29 天，多站出现持续高水位。3—7 月，长江流域 155 条河流 245 站发生超过警戒水位洪水，其中 29 个站点发生超过保证水位洪水，35 个站点发生超历史实测记录洪水。

在水利部指导下，长江水利委员会密切监视流域雨情、水情和汛情变化，强化应急值守，加强会商研判，周密部署、认真准备、及时应对、科学调度、积极协调。先后组织 85 次防汛会商，汛前调度流域水库群加快消落，提前腾空 660 亿 m^3 库容。在 7 月抗洪关键阶段，联合调度三峡及长江上中游大型水库共拦蓄洪水 227 亿 m^3，分别降低洞庭湖城陵矶以上江段洪峰水位 0.8～1.7m、城陵矶段洪峰水位 0.7m、武汉以下江段洪峰水位 0.2～0.4m，减少超警堤段 250km，实现了上荆江河段不超警、洞庭湖城陵矶附近蓄滞洪区不分洪、长江重要堤段无重大险情发生，洞庭湖流域益阳、桃江等市县免遭洪水淹没之灾。

在抗旱减灾方面，基本形成了工程措施和非工程措施相结合的综合抗旱减灾体系，抗旱减灾能力和水平得到了极大的提高，抗旱减灾效益显著，基本具备了抗御中等干旱的能力。一是工程措施体系不断完善。通过开展蓄水工程、引水工程、提水工程、调水工程为主的水源工程及抗旱应急备用水源工程建设，大幅提高城乡供水能力，中等干旱年非工农业生产和生态不会受到大的影响，可以基本保证城乡供水安全。建设抗旱水源工程涉及 25 个省（自治区、直辖市）和新疆生产建设兵团的 442 个严重受旱区县、298 个主要受旱区县，在干旱情形下，可保障或改善 0.4 亿人的生活用水，保障 1557.7 万亩农田农作物生长关键期用水，同时为乡镇地区重点单位和企业提供应急供水，为全国 6338 个贫困村、441 万贫困人口改善生产生活条件。二是非工程体系不断完善。以行政首长负责制为核心的防汛抗旱责任制体系不断健全；基本构建起我国抗旱减灾技术标准体系，干旱灾害管理的科学化和规范化水平不断提高；旱情监测站网为实时掌握旱情发展变化提供了有力支撑，信息化水平不断提高。三是抗旱减灾成效显著。与 20 世纪 90 年代初相比，我国年平均受灾面积由 2654.6 万 hm^2 下降为 907.2 万 hm^2，平均成灾面积由 1273.8 万 hm^2 下降为 476.3 万 hm^2，平均绝收面积由 219.6 万 hm^2 下降为 79.4 万 hm^2，平均饮水困难人口由 4396 万人下降为 418 万人，平均饮水困难牲畜由 3824 万头下降为 542 万头，我国干旱灾害年均损失率分别降低到 0.05%，远低于发达国家的保障水平（0.5%）。

专栏 4.3　2010 年西南五省（自治区、直辖市）重大旱情灾情应对

2009 年入秋至 2010 年 4 月初，广西、重庆、四川、贵州、云南等西南五省（自治区、直辖市）遭受秋冬春三季连旱，导致严重的水资源短缺。部分地区降水量比多年同期偏少五成以上，局部地区偏少七成以上，接近或突破历史极值；主要江河来水量比常年偏少三～八成，其中云南境内金沙江、南盘江、红河、澜沧江等来水量创历史同期最少纪录。2010 年 4 月初，五省（自治区、直辖市）水利工程蓄水量比 2009 年同期偏少二～五成，且分布极不均匀，多数小型水库和绝大部分塘窖无水可用，抗旱水源十分紧缺。

据统计，此次重大干旱事件造成直接经济总损失 982.01 亿元，占全国的 65.07%；全年因旱饮水困难人口达 2334.85 万人，因旱饮水困难牲畜达 1626.33 万头，分别占全国的 70.02% 和 66.63%；减产粮食 43.62 亿 kg，导致 1297 万人一度缺粮，经济作物绝收 39.467 万 hm^2。

国家防汛抗旱总指挥部、水利部和各级人民政府及时组建抗旱救灾工作组，紧急调拨抗旱物资，加快建设抗旱应急工程，组织协调七大流域管理机构和有关省级水行政主管部门对口帮扶和支援，取得显著成效。这期间，共新建抗旱水源井 2.40 万眼、抗旱应急调水工程 678 处、"五小"水利工程 7.75 万处，铺设输水管线 2 万多千米，通过采取水库供水、应急调水、打井取水、拉水送水等各项应急措施，有效缓解了旱区群众因旱饮水困难问题。

4.2.2　水资源配置与利用

在城乡供水网络建设方面，通过推进一批水源工程、输水工程等建设，我国建成了较完备的大中小微并举、蓄引提调结合的供水工程体系，经济社会用水保障水平不断提升，正常年景情况下可基本保障城乡供水安全。截至 2023 年年底，全国各类水库从新中国成立前的 1200 多座增加到近 94877 座，总库容从约 200 亿 m^3 增加到 9999 亿 m^3，全国水利工程供水能力达 9062 亿 m^3，重要城市群和经济区多水源供水格局加快形成，建成农村供水工程 1100 多万处，部分地区已经实现了城乡供水一体化。全国城市公共供水普及率由 20 世纪 80 年代初的 53.7% 提升到 2023 年末的 99.43%。全国共有农村供水工程 563 万处，服务农村人口 8.7 亿人，农村自来水普及率达到 90%，规模化供水工程覆盖农村人口比例达到 60%，位于发展中国家前列，困扰众多农民祖祖辈辈吃水难的历史性问题得到根本解决。近十年，1710 万建档立卡贫困人口的饮水安全问题全面解决，1095 万人告别了高氟水、苦咸水，农村人口供水保障水平得到显著提升。

在农田灌排工程体系建设方面，我国持续开展以发展灌溉面积为核心的大规模农田水利建设，新建了安徽淠史杭、山东位山、河南红旗渠、甘肃靖会提水等一批灌区。截至 2023 年年底，累计建成设计灌溉面积 2000 亩及以上灌区 21340 处，其中：50 万亩及以上大型灌区 154 处，30 万～50 万亩大型灌区 296 处，彻底改变了过去灌排能力严重不足，粮食生产能力低下的状况。着力解决农田灌溉"最后一公里"问题，开展了田间渠系配套、"五小水利"、农村河塘清淤整治等建设，建成小型农田水利工程 2000 多万处。我国耕地灌溉面积增至 10.75 亿亩，生产了全国 77% 的粮食和 90% 以上的经济作物，为"把中国人的饭碗牢牢端在自己手中"贡献了水利力量，有力保障了国家粮食安全。

党的十八大以来，水利部门立足流域整体和水资源空间均衡配置，加快实施一批重大引调水工程和重点水源工程，初步形成"南北调配、东西互济"的水资源配置总体格局，加快构建"系统完备、安全可靠，集约高效、绿色智能，循环通畅、调控有序"的国家水网，进一步增强了我国水资源统筹调配能力、供水保障能力、战略储备能力。完善国家骨干供水基础设施网络，南水北调东、中线一期工程建成通水。开工建设南水北调中线引江补汉、滇中引水、引江济淮、珠三角水资源配置、环北部湾广东水资源配置等重大引调水工程，以及贵州夹岩等大型水库，在推动区域协调发展、服务国家重大战略等方面发挥了重要作用。推进省级水网建设，按照"确有需要、生态安全、可以持续"的原则，各地加快骨干水系通道和调配枢纽建设，加强国家重大水资源配置工程与区域重要水资源配置工程的互联互通。全国水利工程供水能力从 2012 年的 7000 亿 m³ 提高到 2023 年的 9062 亿 m³。

专栏 4.4　南水北调工程

2002 年，国务院批复《南水北调工程总体规划》。规划分东、中、西线三条线路，与长江、黄河、淮河、海河相互连接，形成长江流域向北方战略性输水通道，构成我国水资源"四横三纵、南北调配、东西互济"的总体格局，是构建国家水网的主骨架和大动脉。

南水北调东线从扬州市江都水利枢纽起始，长江水北上流入山东，东线北延应急工程将供水范围扩展至冀津。东线一期工程于 2002 年 12 月开工建设，包括输水工程和治污工程，2013 年 11 月建成通水。

南水北调中线从丹江口水库陶岔渠首闸引水入渠，南水千里奔流，润泽豫冀津京。中线一期工程于 2003 年 12 月开工建设，包括水源工程、输水工程和汉江中下游治理工程，2014 年 12 月建成通水。

作为跨流域、跨区域引调水工程，南水北调东、中线工程在优化水资源配置、保障群众饮水安全、复苏河湖生态环境、畅通南北经济循环方面发挥着重要作用。自 2014 年 12 月 12 日全面建成通水以来的十年间，南水北调东、中线一期工程累计调水量超过 767 亿 m³，惠及沿线北京、天津、河北、河南、江苏、安徽、山东等省（直辖市）的 45 座大中城市，受益人口超 1.85 亿人，支撑了北方地区超过 16 万亿元的 GDP 增长。通过水源置换和河湖生态补水等措施，有效保障了沿线河湖的生态用水，初步实现了地下水的采补平衡，永定河等 50 多个河湖重现生机，生态补水量累计超过了 118 亿 m³。

4.2.3　水资源节约集约利用

坚持节水优先，全面落实最严格水资源管理制度，实施国家节水行动，强化水资源刚性约束，推进水资源消耗总量与强度双控，将节水指标纳入地方政府绩效考核或经济社会发展综合绩效考核评价体系，推动农业节水增效、工业节水减排、城镇节水降损，强化节水开源，加强节水宣传教育。

（1）农业节水增效。大力推进节水灌溉，实施了大中型灌区续建配套节水改造，推动了东北节水增粮、西北节水增效、华北节水压采、南方节水减排，灌溉用水效率和效益大幅度提高。全国农业用水量从 2014 年的 3869 亿 m^3 下降到 2023 年的 3672.4 亿 m^3，农业用水比重从 63.5% 下降到 62%，其中农业灌溉用水一直维持在 3000 亿 m^3 左右，加上通过优化调整作物种植结构，推进适水种植、量水生产，以灌溉用水的"零增长"实现了农业生产连年丰收。全国农田灌溉水有效利用系数由 2014 年的 0.530 提高至 2023 年的 0.576，高效节水灌溉面积增长到 4.1 亿亩，农业节水能力显著提升。

（2）工业节水减排。开展高耗水行业节水改造和节水型企业建设，加强高耗水项目准入管理，推进高耗水企业向水资源条件允许的工业园区集中，推广应用工业节水工艺、技术和装备，推动计划用水覆盖水资源超载地区 99% 的规模以上用水工业企业，用水效率持续提高。截至 2023 年年底，累计建成 2.1 万个节水型工业企业，全国规模以上工业用水重复利用率达 93% 以上。

（3）城镇节水降损。全面推进节水型城市建设，落实城市节水各项基础管理制度，推进城镇节水改造，深化开展公共领域节水，推动节水载体建设，大力推广节水型器具，城镇节水成效明显。截至 2023 年年底，累计建成 145 个节水型城市、1763 个节水型社会达标县，水利行业 6551 家机关单位全部建成节水型单位，城市公共供水管网漏损率控制在 10% 以内。

（4）强化节水开源。加大再生水等非常规水开发利用等措施，推动非常规水源纳入水资源统一配置，明确各省（自治区、直辖市）非常规水源最低利用量控制目标，推进污水资源化利用，开展典型地区再生水利用配置试点，非常规水源利用规模和比例逐年扩大。全国非常规水源利用量由 2014 年的 68.7 亿 m^3 增加至 2023 年的 210.9 亿 m^3。

（5）加强节水宣传教育。制定发布《公民节约用水行为规范》，充分利用各种平台和媒体加强国情水情教育，央视多频道连续播出节水公益广告，打造"节水中国 你我同行"联合行动、全国节约用水知识大赛、"节水在身边"全国短视频大赛等品牌宣传活动，深入开展节水宣传进机关、进校园、进社区、进企业、进农村活动，发动全社会广泛参与节水实践，公众节约用水意识不断增强。

党的十八大以来，水利部门坚持和落实节水优先方针，强化水资源刚性约束，推动用水方式由粗放低效向节约集约转变。精打细算用好水资源，全面深入实施国家节水行动，推进用水总量和强度双控，打好黄河流域深度节水控水攻坚战，深入推进县域节水型社会达标建设，大力推进农业节水增效、工业节水减排、城镇节水降损，我国用水效率和效益显著提高，全社会节水意识明显增强。从严从细管好水资源，全方位贯彻"以水定城、以水定地、以水定人、以水定产"原则，全面实行最严格水资源管理制度，健全初始水权分配制度，推进跨省江河水量分配，加快地下水管控指标确定，严格水资源论证和取水许可管理，开展取用水管理专项整治行动，促进经济社会发展和水资源承载力相适应。通过采取综合措施，全国用水总量控制在 6100 亿 m³ 以内，2023 年我国万元国内生产总值用水量、万元工业增加值用水量分别为 46.9m³ 和 24.3m³，较 2014 年分别下降 41.7％和 55.1％，在国内生产总值增长近一倍的情况下用水总量实现"零增长"，以仅占全球 6％的淡水资源，解决了全球 20％人口的用水问题，创造了世界 18％以上的经济总量。

4.2.4　水生态保护与修复

在水生态保护方面，地下水超采综合治理、河湖生态流量保障、水土流失治理等水生态保护修复工程扎实推进，生态系统保护治理成效显著，水生态环境面貌持续向好。治山治水换来了青山绿水，越来越多的江河湖泊正在成为造福人民的幸福河湖。

（1）河湖生态流量保障。截至 2023 年年底，全国已累计确定 171 条跨省河湖和 546 条省内河湖共 1335 个断面的生态流量保障目标，实现了跨省河湖生态流量保障体系全覆盖；累计批复了 92 条重要跨省江河流域水量分配方案，基本完成了全国重要跨省江河流域水量分配任务；累计确定了 17 个省份的地下水管控指标。通过实施黄河、黑河、塔里木河、汉江等流域水量统一调度，黄河干流实现连续 25 年不断流，黑河下游东居延海连续 20 年不干涸，塔里木河下游台特玛湖形成水面约 500km²，汉江下游水环境、水生态得到改善；开展河北山西向北京调水、引黄入冀补淀、引江济太、珠江枯水期水量调度、华北地下水超采综合治理及河湖地下水回补等工作，实施白洋淀、衡水湖、永定河、扎龙湿地、向海湿地等生态补水，推进长江经济带小水电清理整治及绿色化改造，保障了重点区域供水安全，河湖生态状况得到初步改善。

（2）实施地下水超采综合治理，全国地下水超采状况得到有效遏制，严重超采区超采状况得到初步扭转。针对华北地区地下水超采问题实施专项治理行动，通过实施"节、控、换、补、管"五项措施，华北地区地下水位总体回升，截至 2021 年年底，治理区浅层地下水、深层承压水较 2018 年同期平均回升 1.89m 和 4.65m，回补地下水累计达到了 80 亿 m^3，白洋淀水生态得到恢复，永定河、潮白河、滹沱河等一大批断流多年河流恢复全线通水，断流干涸了将近 100 年的京杭大运河黄河以北段全线过流贯通。

（3）水土流失防治。当前，我国水土保持已经步入国家重点治理与全社会广泛参与相结合的规模治理轨道。通过实施黄河中上游、长江上中游、京津风沙源、东北黑土区、西南岩溶地区石漠化等国家水土流失重点防治工程，大规模推进坡耕地整治和清洁小流域治理，水土流失强度明显减轻，严重的水土流失状况得到有效遏制。"十三五"时期，国家水土保持重点工程治理水土流失面积 5.17 万 km^2，实施坡改梯 483 万亩，病险淤地坝除险加固 2562 座，治理侵蚀沟 6000 余条，建设了生态清洁小流域 1500 个，其中黄土高原重点治理 1.82 万 km^2。累计超过 1000 万名贫困群众从中受益，年可增收约 50 亿元。全国水土流失面积由 2014 年的 294.91 万 km^2 下降到 2023 年的 262.76 万 km^2，全国水土保持率达到 72.56%，中度及以上水土流失面积显著下降，重点治理区林草覆盖率大幅提升，水土流失状况持续好转，实现面积和强度"双下降"。

专栏 4.5　华北地下水超采综合治理行动

随着经济社会快速发展，华北地区用水量逐步增长，地下水年开采量由 20 世纪 70 年代 200 亿 m^3 增加至 2017 年的 363 亿 m^3，最高年份（2001年）达到 511 亿 m^3，部分地区水资源开发利用率超过 100%，人口经济与水资源承载能力严重失衡。地下水严重超采引发地下水水位持续下降、河湖湿地萎缩、地面沉降等一系列生态与地质环境问题。

党中央、国务院高度重视地下水超采治理工作，明确提出"实施地下水保护和超采漏斗区综合治理，逐步实现地下水采补平衡"。2014—2017年，财政部、水利部、农业农村部等有关部门先后在河北、山东、山西、河南等省份开展了地下水超采综合治理试点，多措并举实施地下水压采，探索了可复制、可推广的经验。

2019 年《华北地区地下水超采综合治理行动方案》印发实施，水利部会同国务院有关部门、有关地方人民政府采取"节、控、换、补、管"等措施，大力实施华北地下水超采综合治理。通过近 5 年的治理，从根本上扭转了自 20 世纪 70 年代以来地下水水位逐年下降的趋势，实现由下降幅度趋缓到局部回升、再到总体回升的持续好转。与 2018 年相比，京津冀治理区浅层地下水回升和稳定面积占比达 92%，水位平均回升 2.25m；深层承压水回升和稳定面积占比达 97%，水位平均回升 6.72m。2023 年补水河湖有水河长增至 2722km，形成水面面积 779km^2，分别为 2018 年的 3 倍和 2.2 倍。

4.2.5　体制机制法治管理

经过长期的治水实践，我国水治理体制机制不断完善，水法规制度体系涵盖了水资源开发利用与保护、水域管理与保护、水土保持、水旱灾害防御、工程建设管理与保护、执法监督管理等方面，基本形成统一管理与专业管理相结合、流域管理与行政区域管理相结合以及中央与地方分级管理的水利管理体制机制，水利治理能力和水平不断提升。

（1）建立健全水法规体系。新中国成立以来，我国水法规从无到有、不断完善，先后颁布了《中华人民共和国水法》《中华人民共和国防洪法》《中华人民共和国水土保持法》《中华人民共和国水污染防治法》等综合性法律，《中华人民共和国长江保护法》《中华人民共和国黄河保护法》等流域专门法律，河道管理条例、防汛条例、长江河道采砂管理条例、农田水利条例、地下水管理条例、节约用水条例等 20 余件行政法规，50 余件部门规章，以及逾千件地方性法规和政府规章，为全面依法治水管水奠定了坚实的制度基础。执法普法队伍也不断壮大，全国已成立水政监察队伍 3500 余支，专兼职水政监察人员近 6 万人，形成了流域、省、市、县四级执法网络，有效保证了水法规的顺利实施，水行政执法从无到有、从弱到强。

（2）创新水管理体制机制。在节约用水管理方面，建立规划和建设项目节水评价制度，从严叫停节水不达标项目；持续实施水资源消耗总量和强度双控行动，强化双控指标考核管理；积极推广合同节水管理机制，建立产品水效标识制度，遴选发布重点行业领域水效领跑者。在水资源管理方面，坚持以水定城、以水定地、以水定人、以水定产，加快建立水资源刚性约束制度，全面实行最严格水资源管理，推行规划水资源论证，严格建设项目水资源论证。在河湖管理方面，在全国 31 个省（自治区、直辖市）全面推行河湖长制，构建了河湖管理责任体系，建立完善了河湖长履职、监督检查、考核问责、正向激励等制度，探索建立了跨界河湖联防联控、部门协调、社会参与等机制，形成党政主导、水利牵头、部门联动、社会共治的河湖管理保护新局面。在工程建设运行管理方面，全面推行项目法人责任制、招标投标制、建设监理制、合同管理制，不断完善水利建设市场准入制度和市场监管体制，建立健全水利工程建设运行管理的监督考核体系，提高了工程建设运行管理的专业化、市场化、规范化水平。此外，农业水价、用水权分配及交易、水资源税、水利投融资体制机制等重点领域改革深入推进，成效显现。

4.2.6 水利科技创新

科技创新是核心，抓住了科技创新就抓住了牵动我国发展全局的牛鼻子。长期以来，水利科技工作深入贯彻国家创新驱动发展战略，多措并举，水利科技创新取得长足发展，"跟跑"领域差距进一步缩小，"并跑""领跑"领域进一步扩大。

水利科技创新在多个领域达到国际领先水平。在泥沙研究方面，大江大河水沙调控体系研究与实践、水库泥沙减淤技术等处于国际领先地位，以非均匀悬移质不平衡输沙理论为代表的我国泥沙理论研究处于国际先进行列。在水文监测预警预报方面，气象卫星和测雨雷达数据应用不断强化，预警预报精准度不断提高、预见期不断延长，水文现代技术、设备研发和应用力度不断加大，跻身国际前列。在坝工技术方面，实现了高坝建设由 100m 级到 300m 级的多级跨越，是世界上 200m 级以上高坝最多的国家，建成的锦屏一级水电站的混凝土双曲拱坝是当前世界最高拱坝，新疆大石峡水利枢纽工程是当前世界最高混凝土面板堆石坝。在水资源配置领域，多维调控决策、以水定需配置模式、非常规水源配置、智能调配等理论研究和实践取得重大成果，各级水网建设发挥了较好的规模效益，调水工程建设技术进入世界先进行列。在水利技术标准体系方面，现行有效水利技术标准 600 余项，在水利勘测、规划、设计、建设、运行的全生命周期充分发挥了水利技术标准的导向性、引领性、推动性、基础性作用，为水利改革发展提供了重要技术支撑与保障。

4.3　经验和启示

中国式水利现代化是立足我国不同发展阶段的国情、社情、水情，准确把握水文要素循环演变规律和经济社会发展规律，对水利发展理念、治理能力、管理水平、技术装备等方面开展的实践性探索，是一个动态发展和不断完善的过程。在深刻把握水利现代化实践经验的基础上，形成了中国式水利现代化的思想脉络，明确了中国式水利现代化的实现路径，并在更广泛的实践中不断丰富和发展。

4.3.1　中国式水利现代化必须坚持党的领导

中国共产党的领导是中国式现代化最鲜明的特征和最突出的优势，是推进中国式现代化必须坚持的首要原则。新中国成立以来波澜壮阔的水利建设，使我国建成了世界上数量最多、规模最大、受益人口最广的水利基础设施体系。三峡工程、南水北调等国家重大水利工程拔地而起，创造了一个个享誉世界的治水奇迹，不仅在保障国家水安全中具有不可替代的基础性作用，也成为中国人民强大凝聚力和创造力的重要象征。历史已经无数次证明，在中国这样一个地广人众、水情复杂的国家搞水利建设，必须坚持中国共产党的集中统一领导，充分发挥中国共产党总揽全局、协调各方的领导核心作用，充分发挥社会主义政治制度集中力量办大事的优势。当前，我国正在积极推进国家水网等重大战略性工程建设，是推进中国式水利现代化进一步走深走实的重大举措，必须坚定维护党中央权威和集中统一领导，把党的领导贯穿中国式水利现代化建设各方面全过程，始终在思想上行动上同以习近平同志为核心的党中央保持高度一致，确保中国式水利现代化建设始终沿着习近平总书记指引的方向前进。

4.3.2　中国式现代化需要更加有力的现代化水利支撑

党的十九届五中全会提出，在全面建成小康社会、实现第一个百年奋斗目标之后，我们要乘势而上开启全面建设社会主义现代化国家新征程、向第二个百年奋斗目标进军，这标志着我国进入了一个新的发展阶段。水利是经济社会发展的基础性行业，是党和国家事业发展大局的重要组成，水利发展所处的历史方位亦进入新发展阶段。新中国成立以来，大规模建设了江河防洪、农田灌溉、城乡供水等水利基础设施，具备了由点向网、由分散向系统转变的工程基础；构建了水法规制度和水资源管理、河湖管理、工程管理的体制机制，具备了从粗放式管理向精细化、规范化、法治化管理转变的制度基础；水利科技创新能力和信息化水平持续提升，具备了由传统向数字化、网络化、智能化转变的科技基础。我国水利发展已经站到了新的起点，这就要求我们推动水利向形态更高级、基础更牢固、保障更有力、功能更优化的现代化阶段演进，为中国式现代化提供更加坚实的支撑保障。

4.3.3 要以改革创新推动中国式水利现代化建设

党的二十届三中全会科学谋划了围绕中国式现代化进一步全面深化改革的总体部署，是新征程上将改革进行到底的宣言书和动员令。形势在发展，要求在变化，靠惯性思维、传统打法，无法实现中国式水利现代化。不同阶段中国水利建设面临的形势和问题是特定历史时期环境背景下，特定社会发展阶段的发展需求和发展条件等共同决定的。这就决定了党领导下的水利事业必须立足服务国家战略需求、立足服务经济社会发展大局，要始终坚持以创新促改革、以改革促发展。要落实进一步全面深化改革水利任务，统筹高质量发展和高水平安全，统筹高质量发展和高水平保护，更加注重系统集成，更加注重突出重点，更加注重改革实效，着力破除体制性障碍、打通机制性梗阻、推进政策性创新，完善实用管用的体制机制，健全责任体系，为推动中国式水利现代化提供强大动力和制度保障。

第 5 章

中国式水利现代化的内涵特征

准确理解中国式水利现代化的丰富内涵和主要特征，是科学推进中国式水利现代化建设的重要前提。站在开启全面建设社会主义现代化国家新征程的历史起点上，需要与时俱进准确把握中国式水利现代化的内涵特征。本章在已有研究的基础上，结合新时代新形势新要求，分析揭示中国式水利现代化丰富、独特、深厚的内涵要义和多维度、多层次的逻辑层次，以期为丰富和发展中国式水利现代化内涵特征提供参考。

5.1 水利现代化研究现状

自 2000 年以来，我国在水利现代化研究方面取得了许多可喜的进展，为我国水利发展提供了科学依据和理论基础。围绕水利现代化的相关研究有一些成果，从组成来看，有系统研究水利现代化的，也有分别从内涵特征、评价指标和建设策略单独深入探索的；从领域来看，主要在水利管理、农村、灌区等三个领域进行了深入研究；从地区层面来看，主要从国家、省和市（县）三个层级进行了水利现代化探索；这些成果为推动中国水利现代化提供了重要的理论依据和实践指导。

尽管关于水利现代化的研究取得了重要进展，但是水利现代化是一个没有终点的动态变化过程，不同历史时期、不同经济发展水平、不同发展阶段水利现代化的内涵、进程及相应标准也有所不同。因此，关于水利现代化的研究还存在一些不足：专家学者们基于知识背景的差异，对水利现代化的研究聚焦于局部或某个地区或某一领域，提出的水利现代化内涵认识不统一、评价视角或维度多元化、评价指标和评价方法复杂化、评价结果与实践进展存在差异等。随着我国迈入实现第二个百年奋斗目标的新起点新征程，有必要对水利现代化从理论到实践进行系统性的探索。

近年来，专家学者对水利现代化做了大量的研究和探索，虽然尚未完全形成统一的认识，但主要集中在四个组成方面进行了研究，有系统研究水利现代化的，也有分别从内涵特征、评价指标、建设策略单独深入探索的。

5.1.1 系统研究

顾浩等对中国水利现代化进行了开创性和系统性的探索，首次系统地提出了中国水利现代化的内涵、特征、评价指标体系、评价标准，构想了我国全面推进水利现代化的进程、行动计划和保障措施。李原园等宏观性地论述了中国水利现代化的内涵、目标、体系。陶长生提出了水利现代化的内涵特征、研究重点及研究过程中应把握的一些基本原则；提出了水利现代化的指标体系及评价办法，建立了各指标之间关系的数学模型。傅春等提出了水利现代化的内涵，构建了水利现代化评价指标体系，探索性地提出了水利现代化发展阶段的划分标准。翟浩辉系统地分析了水利现代化问题的由来、探索和实践，从构筑水利现代化理论框架的角度，阐述了水利现代化在其基本内涵、基本特征和基本标准等方面应该具备的要求，提出了推进水利现代化进程中需要注意的几个问题。杨增文等根据国内外探索与实践，对水利现代化建设的内涵、基本特征、主要内容及如何推进水利现代化进行了探讨。杜栋等从水利现代化的概念和基本特征、水利现代化评价指标体系、流域和区域水利现代化、信息化和水利现代化等四个方面，对水利现代化的研究情况进行了梳理和评述；提出了水利现代化研究重点和实现路径。王亚华等建议中国水利现代化按"三步走"战略布局，指出中国水利应当在 2030 年或更早时间基本实现水利现代化，通过构建水利现代化评价指标体系，定量论证了战略构想的可行性。汪党献等分析了中国水利现代化发展需求，阐述了水利现代化的内涵与特征，评价了水利现代化现状水平，探讨了中国水利现代化基本目标、发展思路及未来发展方向和策略。梁福庆在阐述中国水利现代化的含义、内涵及目标的基础上，进行了中国水利现代化的思考，提出加快推进中国水利现代化的五条对策。吴丹等从资源需求保障、环境需求保障、生态需求保障、安全需求保障等四个维度，构建水利现代化评价指标体系与测算方法，综合评价1980—2050 年的中国水利现代化进程。

5.1.2　内涵特征研究

关于水利现代化的内涵，虽然有关的研究和实践尚未形成统一的概念，但在以下方面基本形成共识：一是水利现代化是国家现代化的有机组成；二是水利现代化涉及水利发展的方方面面；三是水利现代化是一个不断动态发展的过程。

赵钟楠等围绕历史逻辑、现实逻辑、理论逻辑、国际逻辑等多维度视角，解析了中国式水利现代化的内涵要义。盖永伟等从水利发展进程、社会主义现代化进程和水利现代化本身三个方面分析中国特色水利现代化内涵，同时从实现途径、表现特征、区域差异、本质特性和自身特点等五个方面分析中国特色水利现代化的特征。吕振霖对水利现代化基本特征进行了探讨。于纪玉等认为水利现代化的基本特征主要包括水观念的现代化、水利建设和管理手段的现代化、水利信息化、管理方法的科学化等。

5.1.3　评价指标研究

近年来，专家学者针对水利现代化评价指标体系及评价方法已做了大量的探讨和研究，也构建了较好的水利现代化评价指标体系。自 2000 年中国水利现代化评价开展以来，随着经济社会发展阶段演变，水利现代化评价聚焦于水资源、水环境、水生态和水安全问题并贯穿始终。

张志成等遵照新时期治水新思路，对我国水利发展指标体系进行了分类；着重探讨了水利现代化评价指标体系的建立方法和功能，对评价指标体系的重新生成提出了建议。杨丽英等选取水利安全保障、水资源可持续利用、水生态环境保护、水利管理水平为准则层，将城乡供水普及率、堤防工程达标率等 11 项作为评价指标，建立我国水利现代化评价体系，并采用静态评价方法对我国 2008 年 31 个省（自治区、直辖市）的水利现代化发展水平进行了分析评价。朱玲玲等采用综合指标评价法，建立了单层多目标模糊优选可变模型，利用博弈论组合熵权法和层次分析法所确定的指标权重，得出主客观权重的综合权重；利用该模型对全国及四个典型省份的水利现代化水平进行了评价，得出水利现代化呈现与经济发展水平相适应的明显地域差异特征。牟萍等提出了应用属性识别模型和熵值法确定样本属性值和不同指标之间权重的方法，并用该评价方法对全国及 4 个典型省份的水利现代化综合发展水平进行了评价。黄显峰等从防洪除涝减灾、水资源保障、水环境与河湖生态保护、农村水利保障、供排水工程、水管理服务以及水利发展保障 7 个方面建立了水利现代化水平评价指标体系，共 27 项指标，确定了各项指标的评价等级与标准，构建云模型对江苏省新沂市水利现代化水平进行了评价。李根等运用层次分析法和模糊综合评判法，通过构建多层次评价指标体系，优化计算方法，并且通过横向、纵向对比分析评价结果，因地制宜地提出水利现代化发展的合理化建议。刘亚辉等通过分析现有的水利现代化绩效评价的现状和问题，针对目前评价体系出现的"偏离战略""结果导向""偏重经济指标"等局限性，提出了水利现代化战略绩效评价的理念，并探索用平衡计分卡的方法构建水利现代化战略绩效评价模型。尹豪等分析了水利现代化及其评价的概念和特点；综合运用统计学和计量经济学方法，设计了具有检验功能的水利现代化评价模型；以浙江省及所属 11 个县的水利现代化评价为例介绍了模型的应用，并结合评价结论提出了相应的政策建议。童坤等构建了以防洪防涝安全、农田水利、水资源配置与高效利用、水环境保护与河湖健康、水管理能力及水利发展保障为准则的水利现代化评价指标体系；以南京水利现代化评价为例，根据指标选取原则，选取 30 个具体指标，通过层次分析及专家咨询等方法确定评价方法、标准及权重，对南京水利现代化进行了评价。张海涛等利用构建的指标体系和模糊聚类迭代模型、基于重要性互补的二元一致性权重确定方法对浙江等 4 个典型省份进行了评价。张于喆等将水利现代化的指标体系按两级设立，一级指标是综合评价指标，二级指标主要根据综合评价指标进行分解，分别反映水利现代化建设的具体量化指标。王振宝等根据水利现代化特征构建评价指标体系，采用模糊识别循环迭代法计算动态权重，最后采用加权评价模型对辽宁省进行了综合评价。徐斌等结合水利现代化的内涵和发展目标，构建了六个准则的评价指标体系。以江苏省东台市为例，选取 23 项评价指标，利用改进模糊层次分析法计算各指标权重，通过模糊综合评判法对其水利现代化水平进行评价。代思龙等在淮安市水利现代化评价指标体系的基础上，采用改进的 PCA - LINMAP 法计算评价指标权重，对各指标权重进行重新赋权，进而综合评价了淮安水利现代化。邹长国等建立了水利现代化模糊综合评价模型，从 5 个方面，选取 25 个指标构建水利现代化评价指标体系，并对宁波水利现代化发展水平进行了评价。阿米娜古结合水利现代化目标和特征构建了评价指标体系和评价标准，并对各指标权重利用层次分析法进行确定，然后以新疆乌鲁木齐地区为例利用模糊综合评价法评价了其水利现代化水平。孟祥礼等在依据层次分析法构建的水利现代化评价指标体系的基础上，提出了采用目标距离法原理来确定其各层指标权重的新方法，兼顾了主、客观赋权方法的优点。安正斌等论述了建立水利现代化评价指标体系的意义，介绍了水利现代化指标体系的设置情况，并根据水利现代化指标体系的设置要求，制定了指标体系并对其各种指标指数进行了计算。

5.1.4　建设策略研究

单独对水利现代化建设策略研究的专家学者较少，其中左其亭等较为全面地进行了水利现代化建设探索。

左其亭等在对人与自然和谐共生与水利现代化建设关系分析基础上，阐述了水利现代化建设坚持人与自然和谐共生理念的重要意义，提出了人与自然和谐共生的水利现代化建设框架，包括一条建设主线、两大战略目标、三个重点对象、四条基本原则和五项关键内容；将水利现代化建设分为准备工作阶段、快速发展阶段、不断完善阶段等三个阶段，并绘制了水利现代化建设路线图。赵钟楠等基于中国式水利现代化的丰富内涵，提出了新时代推进中国式水利现代化的"五个坚持"战略思路，从理念层面、工程体系、制度体系、文化建设等不同方面系统谋划了新时代推进中国式水利现代化的战略路径。孙世友等构建了以流域为基本业务单元，以水体为主要服务对象的业务应用模式，实现以智慧大脑科学决策为目标的水利现代化理论方法，形成包括"大感知、大地图、大模型、大数据、大应用"的水利现代化技术架构。李肇桀等研判了现代化水利国家的总体目标与实施步骤，并对 2035 年基本建成现代化水利国家的目标做出具体展望。

5.1.5　某一地区水利现代化研究

近年来，大量专家学者对我国水利现代化从国家、省级和市县区域层面进行了探索。

自 2000 年开始，专家学者们陆续对中国水利现代化进行了研究。2003年顾浩等曾对我国水利现代化进行过开创性和系统性的探索，首次系统地提出了中国水利现代化的内涵、特征、评价指标体系、评价标准、目标和任务以及推进中国水利现代化的构想，对我国一段时间内的水利发展实践产生了一定的促进和指导作用。李原园、翟浩辉、梁福庆、盖永伟等论述了中国水利现代化的内涵、特征、目标、体系，并提出了推进中国水利现代化的对策。赵钟楠、刘树坤等着重探索了中国水利现代化的内涵特征。王亚华、吴丹、樊霖、张志成、杨丽英等针对中国水利现代化进程重点进行了评价评估。赵钟楠、王亚华、汪党献、樊霖、张丛林等重点从中国水利现代化发展策略角度进行了研究。

1. 省级水利现代化

伴随我国现代化建设进程，水利现代化研究自东部部分省（直辖市）率先探索实践起，到全国各地逐步探索水利现代化。

陈璐构建了包含 27 项指标的省域水利现代化评价指标体系，对2011—2018 年我国 31 个省域水利现代化建设水平进行了评估及短板分析。陈杰、吕振霖对加快江苏水利现代化建设提出了系统建议。喻君杰等分析并提出了江苏水利现代化的目标内涵，构建了 6 大类 22 项指标的江苏水利基本现代化指标体系。陈龙就浙江水利现代化进行了探索。翟丽丽、高鹏等分别从评价体系和标准体系对山东省水利现代化进行了研究。罗传彬等提出了实现江西水利现代化的思路与实施策略。专家学者也对安徽省、山西省、黑龙江省、重庆市、宁夏回族自治区等省级地区进行了水利现代化的探索。

2. 市县水利现代化

专家学者对一些市县也进行了水利现代化的探索。

索妮建立了包含 27 个具体指标的县域水利现代化评价指标体系。邱云生提出了推进昆明水利治理体系和治理能力现代化的对策。杨天明系统研究了海淀区五大水利现代化体系。雷新华等对湖北省汉江流域水利现代化进行了系统规划。部分专家学者也对淮安市、宁波市、绍兴市、高邮市、海陵区、长株潭（长沙、株洲、湘潭）、陕南地区等进行了水利现代化探索。

5.1.6　某一领域水利现代化研究

专家学者从水利不同领域现代化进行了探索，归纳起来主要包括管理现代化、农村水利现代化和灌区水利现代化等三个领域。

1. 管理现代化

管理现代化是水利现代化的重要组成部分。大量专家学者主要从水利工程管理现代化进行了研究，有部分专家学者就水利管理现代化进行了研究，也有个别专家学者从水资源管理现代化、水利经济管理体制现代化、水利科技档案管理现代化等角度进行了研究，但均未形成统一认识，水利管理现代化仍需进一步探索。

（1）水利管理现代化。孔嘉初选了水利管理现代化评价指标，建立了经济发达地区县域水利管理现代化评价指标体系，并运用层次分析法确定了评价体系结构和指标权重，对杭州市萧山区水利管理现代化进行了评价并提出了改进措施。郭连东对水利管理体制改革与水利管理现代化进行了深入的分析，明确二者之间的关联性，并在依照实际现状的基础上制定了相应的管理办法。

（2）水利工程管理现代化。欧阳红祥等提出了现阶段水利工程管理现代化在管理理念、管理体制和机制、管理手段和管理水平以及管理人才方面的内涵，系统地构建出水利工程管理现代化的综合评价指标体系。方国华等构建了由 9 个一级评价指标和 32 个二级评价指标组成的水利工程管理现代化评价指标体系，对江苏 7 个典型水利工程进行了评价。高玉琴等对水利工程管理现代化的内涵进行了界定，并分析了水利工程管理现代化的建设目标，结合大中型水利工程和流域性水利工程的管理特点，从 5 个方面分析了水利工程管理现代化的建设内容。苏冠鲁等对基层水管单位的水利工程管理现代化现状、存在问题、建议对策进行阐述，并根据水利现代化宏观趋势，在规划指导思想、具体工作措施方面提出了建议。谢东明分析了水利工程管理现代化发展需求，结合水利工程管理现代化总体目标阐明了构建水利工程管理现代化评价指标体系的方案。马小双、刘勇、张永等也从不同角度对水利工程管理现代化进行了探索。

（3）水资源管理现代化。邓伟等从水资源管理现代化内涵出发，构建了基于层次分析法模块式的江苏省水资源管理现代化水平评价指标体系，并对苏州、淮安、江阴、大丰的水资源管理现代化水平进行了初步评价。甘泓等通过对水资源需求管理模式的研究，建立适合中国国情的水资源需求管理的理论框架、体制模式和方法措施，从管理领域为水资源可持续发展提供强有力的保障。

（4）水利经济管理体制现代化。蔡浩认为水利工程技术存在水利工程现阶段管理体系不完善、人员缺乏保障、政府关注度不高等隐患问题，并给出构建现代化水利经济管理体制的相关意见。

（5）水利科技档案管理现代化。孟萍认为水利科技档案现代化管理，可让档案数据收集整合、存储利用等各项工作更加便捷，提出了水利科技档案管理现代化的若干思路。

2. 农村水利现代化

农村现代化是建设农业强国的内在要求和必要条件，建设宜居宜业和美乡村是农业强国的应有之义。要一体推进农业现代化和农村现代化，实现乡村由表及里、形神兼备的全面提升。农村水利现代化是农村现代化的重要组成部分，一些专家学者对农村水利现代化的内涵、评价指标体系和发展建议进行了研究。

韩振中等分析了国内外不同经济发展水平下的农村水利发展状况，提出了我国农村水利现代化发展的整体思路和发展目标。构建了我国农村水利现代化评价指标体系，整个体系包括7个一级指标和24个二级指标，采用多因子直观综合评价法进行综合评价。朱成立等建立了农村水利现代化投影寻踪等级评价模型。运用该模型对江苏省9个典型县级市的农村水利现代化水平进行了评价。丁春梅等根据浙江省农村水利现代化现状调查，提出了评价指标体系，并就相关技术指标体系进行了初步研究。邱元锋等阐述了中国农村水利现代化的内涵、规律和特征，提出农村水利一次、二次现代化的评价指标体系。李晓等提出了山东省农村水利现代化建设评价指标体系和量化标准，构建了农村水利现代化水平评价模型。章仁俊提出了浙江省农村水利现代化的内涵，建立了评价指标体系和评价模型，对浙江省和典型县农村现代化水平进行了评价。姚丽研究提出了现阶段农村水利现代化的内涵和实现农村水利现代化的基本特征，提出了农村水利现代化评价指标体系。周杨构建了经济发达地区农村水利现代化指标体系，选取22项指标作为经济发达地区农村水利现代化评价指标，采用定量与定性相结合的模糊综合评价法对构建指标体系评价，利用VFP程序语言开发评价系统，运用评价系统，对江苏省、山东省和福建省等13个典型县（区）进行了综合评价。张丽平等提出了上海市郊区水利现代化建设的指标体系，并借助SPSS软件对其进行分析，探求制约上海市郊区水利现代化建设进程的主要因素。马培衢系统探究了沿黄乡村水利治理体系现代化的基本内涵，提出了沿黄乡村水利治理体系现代化方略。刘洪超等根据农村水利现代化的内涵，建立了一个2层6类共26个指标的农村水利现代化评价指标体系，构建数学模型，利用组合赋权的综合评价方法对山东省博兴县进行了评价。

农田水利现代化的发展是实现农业现代化发展必不可少的因素，且从根本上影响并制约着农业现代化的发展。专家学者在农田水利现代化的内涵、空间格局及评价指标等方面取得了一些研究成果，但由于研究数量不多，还需要进一步深入和完善。韩振中将农田水利现代化概括为：按照科学发展观和新时期治水思路要求，遵循自然规律和经济规律，做到治水理念现代化、施工技术现代化、基础设施现代化和管理服务现代化。在对农田水利现状与面临的新形势分析的基础上，展望了农田水利现代化发展趋势；提出了推进农田水利现代化发展的科技创新对策。路振广等探讨了农田水利现代化的内涵特征，认为农田水利现代化体系包括设施先进、灌排精准、管理高效、生态友好四个方面；结合郑州市实际，提出了农田水利现代化建设标准与目标。穆建新等给出了农田水利现代化的定义和内涵，构建了我国农田水利现代化综合评价指标体系。庞德全从农田水利现代化的含义及必要性为切入点，分析了农田水利现代化评价指标体系。石为位、张亮从河南省农田水利现代化水平实际进行研究，分析了农田水利现代化内涵、现状及其发展方向。构建了河南省农田水利现代化水平综合评价指标体系。刘力华构建了农田水利现代化示范乡镇的评价指标体系，利用模糊综合评价法对其作了评价，并对其管理运行机制做了探讨。张梦瑶建立了农田水利现代化水平的评价指标体系及评价模型。

3. 灌区水利现代化

灌区水利现代化建设是新时期水利现代化建设的重要组成部分，也是实现乡村振兴战略、推进农业现代化的具体实践。一些专家学者对灌区水利现代化进行了探索，但关于灌区水利现代化尚未有一个明确的定义。

左其亭等构建了人与自然和谐共生的灌区水利现代化建设框架，包括六条基本原则、四大建设目标、五大体系布局和八项主要内容。谢崇宝等围绕灌溉现代化这个核心，提出了灌溉现代化的定义、核心理念、基本特征、评价标准和表现形式；提出了灌溉现代化水管理技术，构建了灌溉现代化水管理基本框架和技术模式。韩振中阐释了灌区现代化内涵，论述了发展原则、现代化建设内容与标准。结合我国大型灌区实际情况，提出了评价指标和大型灌区现代化发展对策。康绍忠分析了灌区现代化的内涵和主要特征，并对如何因地制宜地确定灌区现代化评价指标体系进行了讨论。许欣然阐述了新时代下灌区现代化的内涵及其特征，探讨了灌区现代化建设内容与标准；构建了灌区现代化评价指标体系，分析了我国灌区现代化建设的对策与思路，构造灌区现代化建设改造"1＋5＋N"基本框架。王修贵、张国瑞、陈金水等也对灌区现代化进行了探索。

5.2　中国式水利现代化的概念内涵

水利现代化是中国式现代化的重要组成部分，是全面建设社会主义现代化国家的基础支撑和保障。对于具有几千年治水史的中华民族而言，实现中国式水利现代化对于中国式现代化的意义尤为重大。虽然关于水利现代化的理论和实践探索在 21 世纪初已有相关进展，在水利现代化的概念内涵、基本特征、指标体系等方面形成一定成果，但当时的研究主要参照和借鉴了西方的水利现代化模式和经验来摹画中国的水利现代化，西方特点体现较多，中国特色体现不足。进入新时代，中国的水利发展取得了举世瞩目的巨大成就，给进一步探索中国式水利现代化道路提供了充足的现实条件和经验借鉴。

通过历史维度、理论维度、实践维度相统一的多维方法论对中国式水利现代化这一重大理论和实践问题进行思考和把握，我们认为，中国式水利现代化就是根植于数千年中国治水历史基础上，针对中国特有的水情条件，以人水和谐为理念、以系统治水为主线、以水安全保障为目标，集水工程、水制度、水文化等多元一体的，为以中国式现代化全面推进强国建设、民族复兴伟业提供坚强有力支撑保障的水利发展模式和过程。

中国式水利现代化建设，具有其他国家没有的巨大优势和重要基础：习近平总书记关于治水的重要论述和党中央、国务院作出的重要决策部署，为推动中国式水利现代化提供了根本政治保障；国家经济实力和综合国力日益增强，为推动中国式水利现代化提供了重要物质基础；中华民族有着善治水的优良传统，积淀了丰富经验和文化底蕴，现代水治理技术总体步入世界先进行列，为推动中国式水利现代化提供了扎实支撑；全社会对水利发展高度关注，水安全风险意识不断增强，为推动中国式水利现代化提供了良好的社会氛围。

5.3　中国式水利现代化的逻辑层次

中国式水利现代化的逻辑层次如图 5.1 所示。

（1）文化层面，中国式水利现代化是传承悠久治水历史下的现代化。几千年中华文明的治水史，是我们在新时代推进中国式水利现代化的重要基础。一方面，悠久的治水史给水利现代化提供了丰富的经验，都江堰、郑国渠、京杭大运河等水利工程无不体现古人天人合一、遵循规律的治水智慧，而古时延安、唐时关中的治水教训也殷鉴不远。另一方面，治国必治水，作为世界四大古老文明唯一延绵未断的中华文明，悠久的治水史给水利现代化打下深深的中国烙印。

（2）理念层面，中国式水利现代化是秉持人水和谐理念下的现代化。

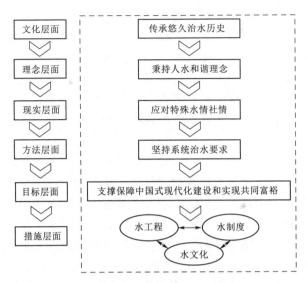

图 5.1　中国式水利现代化的逻辑层次

在天人合一的理念下，人水和谐的理念早已内化于水利建设的方方面面。在工程建设上，处理好开源和节流、存量和增量、时间和空间的关系，平衡好经济社会发展和生态环境保护对于水不同需求；在制度建设上，从水资源开发利用为主向节水优先的转变，更加强调洪水风险管理、强化防汛调度与洪水资源化，注重发挥大自然的自我修复能力，更加强调水生态制度建设、水生态红线约束、空间管控、休养生息。这样的原则指导下的水利现代化，走出了一条不同于西方国家人与自然对立，以改造自然、征服自然为理念的现代化道路。

（3）现实层面，中国式水利现代化是应对特殊水情社情下的现代化。特殊的水情、巨大的人口、发展的需求、保护的压力，加之气候变化带来的不确定性增加，这些外部条件交织下给水利现代化提出了历史性的挑战。破解水利改革发展中的不平衡、不协调、不可持续问题，充分保障经济社会发展对于水安全的需求，充分做好应对水风险带来的灾害影响，不追求所谓的绝对安全的现代化，走出一条发展与安全相协调的水利现代化道路。

（4）方法层面，中国式水利现代化是坚持系统治水要求下的现代化。中国式水利现代化，不是"头疼医头、脚疼医脚"的技术主义现代化，而是坚持"山水林田湖草沙"系统治理下的现代化。随着科技快速发展和社会不断进步，我国水利建设具有越来越强的综合性、动态性和系统性，突出表现在空间范围越来越大、涉及要素越来越多、层次结构越来越复杂、结果和影响越来越广泛和深远。始终把治水和其他要素治理、治水和经济社会发展、治水和生态文明建设统筹起来，以水安全为统领，走系统治水、综合治水的现代化道路。

（5）目标层面，中国式水利现代化是有力保障共同富裕下的现代化。共同富裕是中国式现代化的重要标志，作为其中的组成部分，中国式水利现代化必然要有力保障共同富裕。这种保障，体现在水利基本公共服务均等化，流域间、区域间享受防洪安全、供水安全和生态安全的公平性与合理性，经济社会发展的公平性基本得到保障，城市农村、东部西部不同人群享受同等的水利公共服务。始终把人民群众最关心最直接最现实的水问题作为水利现代化建设的出发点和落脚点。

（6）措施层面，中国式水利现代化是水工程制度文化融合的现代化。水利现代化的基础是水利工程的现代化。水利工程的数量、规模、布局和运行均满足现代化发展要求，全方位提供防洪安全、供水安全、粮食安全、水生态安全保障，强有力支撑中国式现代化建设。在工程现代化的基础上，需要有治水制度的现代化和水文化的现代化相互补充。治水制度可以有效规范人的涉水行为，水文化可以潜移默化人的爱水意识，只有工程、制度、文化三位一体下的现代化，才是完善的水利现代化。

中国式水利现代化将伴随着中国式现代化建设的全过程，是一个水利自身改革发展和国家现代化建设相互融合、共同促进的交互过程，是一个理论问题更是一个实践问题。本篇从历史维度、理论维度、实践维度等三个方向，提出了认识中国式水利现代化的多维方法论，进而揭示了中国式水利现代化的丰富内涵和逻辑层次，为系统谋划中国式水利现代化的总体思路和推进路径奠定了重要基础。

第2篇　怎　么　办

第 6 章

推进中国式水利现代化的总体思路

中国式水利现代化是一条适合中国国情水情、满足人民群众需要的独特道路，这是由我国水利现代化所处的时代条件、历史方位、发展环境所决定的。在系统分析中国式水利现代化的丰富内涵和逻辑层次的基础上，深入学习领会中国式水利现代化的根本遵循和行动指南，准确把握几个重大关系问题，明确阐述战略目标和方向，为科学、系统、有序推进中国式水利现代化建设提供参考。

6.1 推进中国式水利现代化的根本遵循和行动指南

党的十八大以来，以习近平同志为核心的党中央始终高度重视水利工作。面对夏汛冬枯、北缺南丰，水资源时空分布极不均衡的基本水情和人口规模大、经济体量大、资源环境承载负荷重的基本国情，习近平总书记站在中华民族永续发展的战略高度，高瞻远瞩、审时度势，提出了一系列关于治水兴水的新思路新举措新要求，指导我国水利事业取得历史性成就、发生历史性变革。习近平总书记关于治水的重要论述是习近平新时代中国特色社会主义思想在治水领域的集中体现，是马克思主义自然观、生态观同中华民族几千年治水理念和实践的结合，是中国共产党人带领全国各族人民开展波澜壮阔治水兴水事业的实践结晶，为实现中国式水利现代化提供了根本遵循和行动指南。

6.1.1 深刻领会习近平总书记关于治水的重要论述精神

1. 习近平总书记关于治水的重要论述是习近平新时代中国特色社会主义思想在治水领域的集中体现

党的十八大以来，以习近平同志为主要代表的中国共产党人，坚持把马克思主义基本原理同中国具体实际相结合、同中华优秀传统文化相结合，坚持毛泽东思想、邓小平理论、"三个代表"重要思想、科学发展观，深刻总结并充分运用党成立以来的历史经验，从新的实际出发，创立了习近平新时代中国特色社会主义思想。习近平新时代中国特色社会主义思想是当代中国马克思主义、二十一世纪马克思主义，是中华文化和中国精神的时代精华，实现了马克思主义中国化新的飞跃。

水利是经济社会发展的基础性行业，是党和国家事业发展大局的重要组成部分。我国夏汛冬枯、北缺南丰，水资源时空分布极不均衡的基本水情，加之长期以来，一些地区不合理的水土资源开发利用和生态破坏，水灾害频发、水资源短缺、水生态损害、水环境污染等水安全问题突出，随着全球气候、经济社会发展形势、国际环境变化的影响，水安全风险不断加剧。在指导新时代治水兴水实践中，习近平总书记站在中华民族永续发展的战略高度，高瞻远瞩、审时度势，提出了一系列新思路新举措新要求，形成了习近平总书记关于治水的重要论述。正是在习近平总书记关于治水的重要论述的科学指引下，我们解决了许多长期想解决而没有解决的水利难题，办成了许多事关战略全局、事关长远发展、事关民生福祉的水利大事要事，新时代水利事业取得历史性成就、发生历史性变革。

习近平总书记关于治水的重要论述体系完整、内涵丰富、博大精深，重点要从以下八个方面深刻领会：坚持党对治水兴水工作的全面领导是我国治水兴水工作的根本保证；坚持以人民为中心的发展思想是我国治水兴水工作的根本立场；坚持治水即治国是我国治水兴水工作的战略定位；坚持把节水放在优先位置是我国治水兴水工作的基本前提；坚持有多少汤泡多少馍是我国治水兴水工作的重要原则；坚持统筹治水和治山、治水和治林、治水和治田、治山和治林是我国治水兴水工作的方法论；坚持水忧患意识、水危机意识是我国治水兴水工作的底线红线；坚持完善水治理体制是我国治水兴水工作的制度基础。

习近平总书记关于治水的重要论述是习近平新时代中国特色社会主义思想在我国治水领域的集中体现，是运用马克思主义，立足我国国情水情，基于中华民族几千年治水实践，深刻总结党领导治水历史经验，深入分析经济社会发展大势，形成的理论精华和实践结晶。

2. 习近平总书记关于治水的重要论述是马克思主义自然观、生态观同中华民族几千年治水理念和实践的结合

中国共产党历来重视对马克思主义基本原理的学习研究运用，习近平

总书记关于治水的重要论述坚持将马克思主义自然观、生态观同中华民族几千年治水理论与实践相结合，在适应新形势、解决新问题、应对新挑战中形成了一系列具有鲜明时代性和创造性的理论成果。

习近平总书记关于治水的重要论述，深刻反映了我国水安全的主要特征，明确当前正处在新老水问题交织、治水矛盾转化的时期，从更大范围看，气候变化影响加剧，全球极端天气和水文循环不确定性显著增多，世界发展格局复杂，体现了坚持问题导向要时刻关注现实又防患于未然，同时要着力形成长效机制，推动治水领域的治理体系和治理能力现代化。治水要辩证、发展地认识人水关系，不能总想着征服水，首先要从改变自然、征服自然转向调整人的行为、纠正人的错误行为；要做到人与自然和谐，天人合一，不要试图征服老天爷，要顺应自然，坚持自然修复为主，减少人为扰动，固本培元，因势利导。

习近平总书记关于治水的重要论述，辩证地看待人与自然、发展与安全、整体与局部的关系。充分把握人与自然关系的统一性，注重尊重自然、顺应自然、保护自然，更加突出节约优先、保护优先、生态优先，牢固树立绿水青山就是金山银山的理念，努力实现人水和谐共生。新时代治水，要把发展质量与安全的关系摆在更加突出的位置，进一步增强风险意识和底线思维，更好地应对水安全风险挑战。新时代治水，既要立足于水利，又要跳出水利，从国家经济社会发展战略全局来思考水利的重大技术问题，为推动经济社会高质量发展、建设更高水平的平安中国提供高质量的水利保障。

习近平总书记关于治水的重要论述，是系统思维统筹水的全过程治理，统筹水循环全过程，统筹考虑水环境、水生态、水资源、水安全、水文化和岸线等多方面的有机联系，推进大江大河大湖上中下游、江河湖库、左右岸、干支流协同治理，处理好开源和节流、存量和增量、时间和空间的关系，做到工程综合效益最大化。治水也要统筹自然生态的各要素，生态系统是一个有机生命躯体，应该统筹治水和治山、治水和治林、治水和治田、治山和治林。

习近平总书记关于治水的重要论述，是坚持问题导向、目标导向、结果导向的治水方法路径，深刻揭示了我国新老水问题交织的特点，切中矛盾的要害是水资源短缺严重、水生态损害严重、水环境污染严重等问题，根源是长期以来对经济规律、自然规律、生态规律认识不够、把握失当。要坚持习近平总书记"节水优先、空间均衡、系统治理、两手发力"治水思路，找到化解矛盾的着力点和解决矛盾的突破口，为广大人民群众提供更多优质水产品，不断满足人民日益增长的优美生态环境需要，持续增加人民获得感、幸福感、安全感。

3. 习近平总书记关于治水的重要论述是中国共产党人带领全国各族人民开展波澜壮阔治水兴水事业的实践结晶

长期以来，中国共产党领导人民开展了波澜壮阔的水利建设，治水兴水取得了举世瞩目的辉煌成就，建立了世界上规模最为宏大的水利基础设施体系，水利面貌发生了翻天覆地的变化，彻底改变了数千年来中华大地饱受洪旱之苦、饱经用水之难的局面。

新民主主义革命时期，党领导我国的革命事业从"星星之火"发展成"燎原之势"，在江西瑞金、陕西延安，党领导建立了革命政权，开始有组织有计划地发展红色根据地的水利事业，极大地促进了农业生产连年丰收，有效解决了广大军民的粮食问题，为根据地建设、红色政权巩固和革命事业发展作出了巨大贡献。这一时期，毛泽东首次提出著名的"水利是农业的命脉"科学论断。苏区干部身体力行，带动广大军民开渠筑坝，打井抗旱，车水润田，解决了许多水利问题。随着大生产运动进入高潮，水利工程规模从小微化向适应生产力发展要求的小中型方向转变，极大地促进了农业生产发展。

社会主义革命和建设时期，面对严重的水旱灾害和日益增大的粮食生产压力，党领导全国人民开展了轰轰烈烈的"兴修水利大会战"，建成一大批防洪灌溉基础设施，有力支撑了国民经济的恢复和发展。"大跃进"和国民经济调整时期，是党对中国社会主义建设道路艰辛探索的十年，农田水利建设等开始布局。党和国家实行"调整、巩固、充实、提高"方针，水利工作提出了"发扬大寨精神，大搞小型，全面配套，狠抓管理，更好地为农业增产服务"的"大、小、全、管、好"工作方针。全国性规模空前的群众性水利建设运动取得很大成绩，新中国水利建设史上许多重大工程，如丹江口水利枢纽、青铜峡水利枢纽、刘家峡水利枢纽、密云水库等，都是在这一时期开工建设的。约上亿劳动力投身水利建设，共修建900 多座大中型水库，农田灌溉面积达 5 亿亩。

改革开放和社会主义现代化建设新时期，我国经历了从计划经济向市场经济体制的伟大转型，水利战略地位不断强化，从支撑农业发展向支撑整个国民经济发展转变，可持续水利、民生水利得到重视和发展，水利事业取得长足进步。改革开放初期，我国逐步明确了"加强经营管理，讲究经济效益"的水利工作方针,确立了"全面服务,转轨变型"的水利改革方向,提出以"两个支柱(调整水费和开展多种经营)、一把钥匙(实行不同形式的经济责任制)"作为加强水利管理、提高工程经济效益的中心环节,农村水利、水价、水库移民等领域探索出台改革措施。20 世纪 90年代,随着我国向市场经济体制转型,水资源的经济资源属性日益凸显,水利对整个国民经济发展的支撑作用越来越明显。在建设市场经济大背景下,水利投资由国家投资、农民投劳的单一模式转变为中央、地方、集体、个人多元化投入,水利投入不足矛盾得到一定程度缓解。

中国特色社会主义新时代,习近平总书记高度重视治水兴水工作。党的十八大以来,习近平总书记专门就保障国家水安全发表重要讲话并提出"节水优先、空间均衡、系统治理、两手发力"治水思路,系统回答了新时代为什么做好治水工作、做好什么样的治水工作、怎样做好治水工作等一系列重大治水理论和实践问题,开辟了我国治水事业新的伟大实践,擘画国家水网蓝图,确立国家"江河战略",一系列根本性、开创性、长远性治水举措相继实施,许多长期想解决而没有解决的治水难题得以解决,充分彰显出巨大的真理伟力。

习近平总书记关于治水的重要论述为新时代治水兴水工作提供了根本遵循和行动指南,我们要坚持用习近平总书记关于治水的重要论述武装头脑、指导实践、推动工作,加快推动新阶段水利高质量发展,不断提升国家水安全保障能力,为全面建设社会主义现代化国家、全面推进中华民族伟大复兴作出更大贡献。

6.1.2　持续学习习近平总书记关于治水的重要论述的理论体系

习近平总书记关于治水的重要论述是一个系统完整的理论体系,创造性地提出了新时代治水兴水工作的新内涵、新要求、新举措,明确了"节水优先、空间均衡、系统治理、两手发力"治水思路,擘画了国家"江河战略",形成了"八个坚持",充分彰显了习近平总书记关于治水的重要论述的丰富内涵要义。

1. 坚持党对治水兴水工作的全面领导——关于我国治水兴水工作的根本保证

中国共产党是领导我国治水兴水工作的核心力量。水利事业之所以取得历史性成就、发生历史性变革,最根本的是有中国共产党的坚强领导,是党领导人民开展波澜壮阔的水利建设。作为世界上水情最复杂、江河治理难度最大、治水任务最繁重的国家之一，我们必须坚持党对治水兴水工作的全面领导，坚决捍卫"两个确立"，进一步增强"四个意识"、坚定"四个自信"、做到"两个维护"，坚持正确的治水政绩观，充分发挥集中力量干大事的制度优势，加快提高党领导治水兴水工作的能力和水平，不断提高政治判断力、政治领悟力、政治执行力，把党的领导落实到治水兴水工作的各领域各方面各环节，确保水利事业行稳致远。

2. 坚持以人民为中心的发展思想——关于我国治水兴水工作的根本立场

江山就是人民，人民就是江山。中国共产党根基在人民、血脉在人民、力量在人民，人民是党执政兴国的最大底气。民生为上，治水为要。为中国人民谋幸福、为中华民族谋复兴，是中国共产党百年来始终不渝的初心使命，也是中国共产党领导下水利事业始终不渝的价值追求。我们必须始终坚持以人民为中心的发展思想，始终牢记水利为民造福的历史使命，把解决好人民群众最关心最直接最现实的水问题作为谋划推进治水兴水工作的出发点和落脚点，把保障人民生命财产安全放在第一位，大力提升水利基本公共服务水平，加大优质水生态产品供给，不断把人民群众对美好生活的向往变为现实，让水利发展成果更多更公平惠及全体人民。

3. 坚持治水即治国——关于我国治水兴水工作的战略定位

兴水利、除水害历来都是治国安邦的大事。中华民族有着善治水的优良传统，历史上郑国渠、都江堰、大运河等重大水利工程的修建，都对改变国脉民命发挥了战略性作用。中国共产党历来重视治水，始终把水利摆在执政兴国的重要位置。水安全涉及国家长治久安，是事关社会主义现代化国家建设和中华民族伟大复兴的基础性、全局性、战略性问题，我们要从统筹发展和安全、拓展发展空间、促进人与自然和谐共生、增进民生福祉、应对风险挑战的战略高度，以全面提升国家水安全保障能力为总体目标，大力提升水旱灾害防御能力、水资源节约集约利用能力、水资源优化配置能力、大江大河大湖生态保护治理能力，为全面建设社会主义现代化国家提供有力的水安全保障。

4. 坚持把节水放在优先位置——关于我国治水兴水工作的基本前提

节约资源和保护环境是我国的基本国策。我国人多水少，水资源时空分布不均，供需矛盾突出，全社会节水意识不强、用水粗放、浪费严重，水资源利用效率与国际先进水平存在较大差距，水资源短缺已经成为生态文明建设和经济社会可持续发展的瓶颈制约。我们必须从实现中华民族永续发展的战略高度认识节水的重要性，坚持把节水放在优先位置，实施国家节水行动，大力推进农业、工业、城镇等领域节水，深入推动缺水地区节水，提高水资源利用效率，形成全社会节水的良好风尚，以水资源的可持续利用支撑经济社会持续健康发展。

5. 坚持有多少汤泡多少馍——关于我国治水兴水工作的重要原则

水是生命之源、生产之要、生态之基，是经济社会发展的基础性、先导性、控制性要素，水的承载空间决定了经济社会的发展空间。人多水少、水资源时空分布不均是我国基本国情水情。坚持有多少汤泡多少馍，这是立足国情水情、遵循客观规律、促进人口经济与资源环境相均衡做出的科学判断，是生态文明建设的应有之义，是经济社会高质量可持续发展的必由之路。我们必须坚持有多少汤泡多少馍，全方位贯彻"四水四定"原则，强化水资源刚性约束，把经济社会活动限定在水资源可承载范围内，着力提高水资源节约集约安全利用水平，下大力气解决水资源过度开发利用问题，以水资源的可持续利用支撑经济社会高质量发展和生态文明建设。

6. 坚持统筹治水和治山、治水和治林、治水和治田、治山和治林——关于我国治水兴水工作的方法论

不谋万世者，不足谋一时；不谋全局者，不足谋一域。系统观念是马克思主义认识论和方法论的重要范畴。进入新发展阶段，贯彻新发展理念，构建新发展格局，需要解决的水问题会越来越多样、越来越复杂，突出表现在空间范围越来越大、涉及因素越来越多、层次结构越来越复杂、结果和影响越来越广泛和深远。我们必须自觉运用系统观念和系统方法全面统筹、协调推进治水兴水工作，从生态系统整体性和流域系统性出发，追根溯源、系统治疗、强化流域统一治理管理，推进山水林田湖草沙一体化保护和修复，加强前瞻性思考、全局性谋划、战略性布局、整体性推进，努力实现水的全要素治理、全流域治理、全过程治理。

7. 坚持水忧患意识、水危机意识——关于我国治水兴水工作的底线红线

河川之危、水源之危是生存环境之危、民族存续之危。水已经成为我国严重短缺的产品，成了制约环境质量的主要因素，成了经济社会发展面临的严重安全问题。受特殊自然地理气候条件和经济社会发展条件制约，加之流域和区域水资源情势动态演变，我国水资源水生态水环境

承载能力仍面临制约，解决河湖生态环境问题仍须付出艰苦努力，水旱灾害风险隐患仍是必须全力应对的严峻挑战。我们必须统筹发展和安全，高度重视水安全风险，大力增强水忧患意识、水危机意识，加快构建抵御自然灾害防线，严守水资源开发利用上限，决不能逾越生态安全的底线，全面提升防范化解水安全风险的能力和水平，坚决筑牢水安全保障防线。

8. 坚持完善水治理体制——关于我国治水兴水工作的制度基础

推动水治理体系和治理能力现代化，既是水利高质量发展的必然要求，也是支撑国家治理效能提升的必要条件。受多重因素影响，长期以来，水利行业制度建设滞后，在水资源节约保护、河湖管理、水土保持、水旱灾害防御、水利建设和运行管理等领域积累了一大批矛盾和问题。我们要主动适应新时代治水主要矛盾变化，以调整人的行为、纠正人的错误为主线，按照两手发力的要求，破除制约水利高质量发展的体制机制障碍，深化重点领域改革创新，持续增强水利发展动力和活力，健全有力高效的工作推进机制，大力推进水治理体系和治理能力现代化。

6.2　推进中国式水利现代化的必要性和紧迫性

6.2.1　推进中国式水利现代化是实现全体人民共同富裕的现代化的必然要求

现代化的本质是人的现代化。我国幅员辽阔，各地水情条件千差万别，水利发展不平衡不充分问题突出。防洪排涝工程体系仍不健全，2022年洪涝灾害共造成 3385.3 万人次受灾，因灾死亡失踪 171 人；城乡供水网络体系和灌排设施仍不完善，城市供水水源单一，仍有 30% 左右的建制市缺少应急备用水源；广大农村地区供水标准不高，亟须规模化供水管网覆盖率，水质安全性和供水保证程度不高；灌溉水利用系数较低，40% 的灌溉面积水源保障程度不高。推进中国式水利现代化，保护人民群众生命财产，让人民群众喝上清洁干净的水、使用便捷优质的水、享受绿色生态产品，是水利基本公共服务均等化，增进民生福祉，提高人民生活品质，满足人民群众对美好生活向往，实现全体人民共同富裕的现代化的必然要求。

6.2.2 推进中国式水利现代化是实现高质量发展和经济体系现代化的必然要求

高质量发展是全面建设社会主义现代化国家的首要任务。水利是经济社会发展的基础性行业，与生活、生产、生态密切相关。水安全问题能不能解决好，直接关系到人民群众的获得感、幸福感、安全感。目前我国53%的国土面积处于水资源超载或临界超载区域，近70%的城市群、90%以上的能源基地、65%的粮食主产区缺水问题突出，遇特殊干旱缺乏有效应对措施，改善空间均衡状况的跨流域跨区域水资源调配能力依然不足，缺乏应对气候变化的战略水源储备。推进京津冀协同发展、长江经济带发展、长三角一体化发展、推动黄河流域生态保护和高质量发展等国家区域重大战略，迫切需要解决区域水安全问题。增强国内大循环内生动力和可靠性，构建国土空间开发保护新格局，迫切需要重整山川河湖，提升水资源水生态水环境承载能力和水安全风险防控能力。建设现代化产业体系，推进乡村全面振兴，促进区域协调发展，迫切需要提高水资源安全保障能力和战略储备能力。

6.2.3 推进中国式水利现代化是实现国家安全体系和能力现代化的必然要求

国家安全是民族复兴的根基。水安全问题涉及面多、传播链条长、影响范围广，涉及国土安全、经济安全、社会安全、粮食安全、能源安全、资源安全、生态安全。我国大江大河中下游地区人口密集、经济发达，易受流域性洪水、强台风等冲击，全国1~5级堤防仍有近27%未达标，堤防标准和质量不高，病险水库除险加固任务依然繁重，蓄滞洪区建设管理严重滞后，面广量大的中小河流和山洪灾害系统治理不够；部分城市防洪减灾体系韧性不够，应对大洪水和超标准洪水能力不足；水资源调配能力不足，互联互济和网络化水平不高，水库对径流的调控能力仅为33%。随着全球气候变化和经济社会发展，我国极端天气事件频发，水资源系统不确定性增加。21世纪以来，黄河、海河、辽河等流域水资源量分别减少10%、22%和10%，海河、辽河、长江以及珠江上游均出现了历史上最长连续枯水期。推进中国式水利现代化，提升水旱灾害防御能力、水资源多源保障能力、战略储备能力、应急调配能力，是提高公共安全治理水平，健全国家安全体系，增强维护国家安全的能力的必然要求。

6.2.4　推进中国式水利现代化是实现人与自然和谐共生的现代化的必然要求

尊重自然、顺应自然、保护自然，是全面建设社会主义现代化国家的内在要求。我国生态环境本底脆弱、累积欠账多，全国 55% 的国土面积为生态脆弱区，华北、西北等地区水资源长期开发利用过度，导致河道断流、湖泊萎缩等一系列问题，北方地区年均挤占河道生态水量 120亿～150 亿 m³，21 世纪以来，112 条河流出现不同程度的断流现象；南方部分地区围垦侵占河湖生态空间、阻隔河湖自然连通，导致湖泊萎缩，河湖水动力条件不足；全国地下水超采区面积约 29 万 km²，年均超采量约 160 亿 m³，累积亏缺约 2400 亿 m³。推进水资源节约集约安全利用，加快发展方式绿色转型，加强水土流失治理与水源涵养保护，推动重要江河湖库生态保护治理，强化地下水超采综合治理，改善城乡人居环境，是美丽中国建设的重要组成部分，是实现人与自然和谐共生的现代化的必然要求。

6.3　推进中国式水利现代化须把握的重大关系

6.3.1　发展和安全的关系

安全是发展的前提，发展是安全的保障。水安全是国家安全的重要组成部分，受全球气候变化、经济社会发展形势、国际政治经济环境等影响，我国发展面临的不确定性因素增多，给防洪安全、供水安全、粮食安全、生态安全等方面带来巨大风险挑战。全面推进中国式水利现代化建设，必须统筹好发展和安全，增强忧患意识，树牢底线思维，把安全发展贯穿新阶段水利高质量发展各领域和全过程，从被动应对水安全风险转向主动防控风险，提高风险防范和应对能力，实现新阶段水利高质量发展和高水平安全的良性互动。

6.3.2　开发和保护的关系

水资源是基础性的自然资源和战略性的经济资源，水资源的开发利用是经济社会发展的重要支撑，水资源的节约保护是可持续发展和生态系统健康稳定的重要基础。全面推进中国式水利现代化建设，必须统筹好开发和保护的关系，从思想深处确立生态优先、绿色发展理念，强化水资源刚性约束，在遵循自然规律、经济规律、生态规律的基础上，维系水资源-经济社会-生态环境复合系统良性健康可持续发展。合理确定产业布局和发展规模，控制开发利用强度，对水资源取之有时、用之有度，实现生态效益和经济效益协调统一。

6.3.3 当前和长远的关系

当前发展是长远发展的基础，长远发展是当前发展的继续。立足当前实际，是系统解决水安全问题的重要前提和基础；着眼长远发展，是推动水利高质量发展的重要目标和原则。全面推进中国式水利现代化建设，必须把当前与长远有机结合起来，合理设定不同阶段的目标任务，既要解决当前急难愁盼问题，也要解决长期累积性问题，还要考虑战略储备与极端情况应急体系建设问题，适度超前推进水利基础设施建设。

6.3.4 全局和局部的关系

全局和局部相互依存、互相制约。必须牢固树立高度自觉的大局意识，自觉从大局看问题，把工作放到大局中去思考、定位、摆布，做到正确认识大局、自觉服从大局、坚决维护大局。全面推进中国式水利现代化建设，必须统筹全局和局部，既要立足于水利，精准抓取当前水利工作的关键突破口加以重点推进，又要跳出水利看水利，牢记"国之大者"，从经济社会发展战略全局来思考水利的重大技术问题；既要统筹解决防洪、水资源、水生态等问题，又要突出重点、分类施策，做好固根基、扬优势、补短板、强弱项等各方面工作。

6.3.5 流域和区域的关系

江河湖泊的流域性决定了治水必须坚持全流域"一盘棋"；同时我国各地区资源禀赋、发展基础、建设需求不尽相同，区域发展不平衡问题依然存在。全面推进中国式水利现代化建设，必须统筹流域和区域，既要加强流域统一规划、统一治理、统一调度、统一管理，也要注重不同地区的发展条件和建设需求，统筹推进全流域保护治理工作，形成上下游、左右岸协调发展格局，带动全流域共同发展。

6.4　中国式水利现代化的战略目标

　　根据党的二十大提出的全面建成社会主义现代化强国、实现第二个百年奋斗目标，以中国式现代化为全面推进中华民族伟大复兴的中心任务，中国式水利现代化的总体目标是：推动新阶段水利高质量发展，全面提升国家水安全保障能力，为全面建设社会主义现代化国家、全面推进中华民族伟大复兴提供坚实支撑和保障。具体目标如下：

　　到 2035 年，基本实现中国式水利现代化，建成与基本实现社会主义现代化国家相适应的水安全保障体系，水旱灾害防御能力、水资源节约集约利用能力、水资源优化配置及战略储备能力、江河湖泊生态保护治理能力显著提升，水利智慧化水平显著提高，国家水安全保障能力和风险防控能力显著增强。水资源节约集约高效利用达到世界先进水平，城乡供水安全保障水平和抗旱应急能力明显提升，水利基本公共服务实现均等化；江河湖泊流域防洪减灾体系基本完善，防洪安全保障水平显著提高，洪涝风险防控和应对能力明显增强；水生态空间得到有效保护，水土流失得到有效治理，河湖生态水量得到有效保障，美丽健康水生态系统基本形成；基本实现水治理体系和治理能力现代化。

　　到 2050 年，全面实现中国式水利现代化，全面建成完善的水旱灾害防御体系、水资源合理配置和高效利用体系、水生态保护治理体系、具有"四预"功能的智慧水利体系，全面实现水治理体系和治理能力现代化，为把我国建设成为综合国力和国际影响力领先的社会主义现代化强国提供有力的支撑和保障。

6.5　中国式水利现代化的战略方向

6.5.1　坚持党对治水工作的全面领导，始终发挥集中力量办大事的政治优势，确保中国式水利现代化行稳致远

　　党的十九届六中全会指出，党和人民百年奋斗，书写了中华民族几千年历史上最恢宏的史诗。新中国水利发展史是百年党史的重要组成部分，坚持党对一切工作的领导，包括对水利现代化工作的领导，这是党的百年

奋斗历史经验的第一条。新中国成立以来，党领导人民开展了波澜壮阔的水利建设，建成了世界上数量最多、规模最大、受益人口最广的水利基础设施体系。历史已经无数次证明，对于中国这样一个地广人众、水情复杂的国家搞水利建设，必须集中力量。三峡工程、南水北调等中国式水利现代化的标志性工程，都是在党中央的决策下，发挥集中力量办大事的政治优势才得以建成并发挥重大效益。要坚持党的集中统一领导，始终发挥集中力量办大事的政治优势，持续推进国家水网等新时代决定水利现代化的重大战略性工程建设，确保中国式水利现代化行稳致远。

6.5.2　坚持以人民为中心，始终把解决人民群众最关心最直接最现实的水问题，作为推进水利现代化的出发点和落脚点

治水历来关涉民生。党的十八大以来，以习近平同志为核心的党中央提出以人民为中心的发展思想，坚持一切为了人民、一切依靠人民。2019年9月18日，习近平总书记在黄河流域生态保护和高质量发展座谈会发出了"让黄河成为造福人民的幸福河"的伟大号召，充分体现了习近平总书记始终把人民放在心中最重要位置、把人民的美好生活向往需求作为奋斗目标的核心价值理念。坚持以人民为中心，要把人民群众最关心最直接最现实的水问题，始终作为水利现代化建设的出发点和落脚点，实现好、维护好、发展好最广大人民根本利益，把以人民为中心的理念贯穿到水利现代化建设的全过程各环节，着力解决水灾害、水资源、水生态、水环境等水安全问题，把持续供给更加优质、更加丰富、更可持续的水生态环境产品作为新时代水利现代化建设的重要目标，始终不忘水利现代化的"人民本色"。

6.5.3　坚持守正创新，把传承好悠久治水历史形成的治水经验和开创好新时代治水格局统筹起来

中国悠久的治水历史和中华民族数千年的治水文化，是新时代推进水利现代化的重要历史经验和文化积淀。从春秋战国时期淮河流域的芍陂、岷江的都江堰工程、沟通江淮和黄淮地区的邗沟和鸿沟运河工程、黄河堤防工程以及后来的京杭大运河等都是中华治水史上的杰作。随着经济社会发展，虽然对于治水的要求不断提高，但是水的本质规律和治水的基本策略，不会随着人的主观意志而变化。这就要求坚持守正创新，在传承好悠久治水历史形成的治水经验基础上，处理好治水基本规律的相对不变和人

民群众对于水安全保障要求的与时俱进之间的关系；坚持守正创新，系统总结我国的水情特点和治水经验，科学地分析新时代治水矛盾和要求的新变化，科学吸收借鉴国内外一切优秀的治水方略，开创新时代水利现代化新格局。

6.5.4　坚持用系统思维解决水问题，始终站在山水林田湖草沙生命共同体角度统筹推进水利现代化建设

水的循环流动性、功能多样性，决定了山水林田湖草沙各个要素之间是普遍联系、不可分割的统一整体。当前我国新老水问题复杂交织，一些地区江河治理系统性考虑不足、各要素统筹不够，"就水论水"现象依然存在，治理措施单一割裂，导致难以标本兼治，治理效果不佳。全国水土流失量大面广、局部地区严重的状况没有改变，水土流失面积仍超过国土面积的 1/4；北方部分地区水土资源长期开发利用过度，导致河流断流、湖泊萎缩、地下水超采等一系列问题，2000 年以来超过 110 条河流出现不同程度的断流现象；全国地下水超采区面积约 29 万 km^2，年均超采量约 160 亿 m^3。必须坚持系统观念治水兴水，以流域为单元，统筹山水林田湖草沙各要素治理，围绕水源涵养能力提升、水土流失防治、河湖生态廊道建设、河口生态保护修复等方面进行系统治理。坚持从系统视角治水兴水，要更加注重水文化发展，把水文化提高到中国式水利现代化的重要组成的高度来看待，在传承传统水文化基础上，不断与时俱进，弘扬建设新时代水文化。

6.5.5　坚持底线思维和风险意识，统筹好发展和安全，把防范化解水风险作为水利现代化的重要任务

当前我国大江大河防洪体系尚不完善，近年发生的洪涝灾害，暴露出防洪减灾体系突出薄弱环节。水源调配能力不足，全国正常来水年份缺水 500 多亿 m^3。有些耕地缺少基本灌溉条件。部分粮食主产区防洪排涝和抗旱能力不高，加之全球气候变化的持续影响，水安全风险进一步加剧。必须坚持底线思维和风险意识，防范水灾害风险，按照"两个坚持""三个转变"的原则，把防范供水安全风险、水生态安全风险、工程安全风险等作为水利现代化建设的重要任务。在防范供水安全风险方面，要针对特大干旱以及水污染、大面积停水等事件，进一步提高应对能力；在防范水生态安全风险方面，要重点加强水体污染、水域萎缩、地下水超采、水土流

失等水生态安全问题的分析应对；在防范工程安全风险方面，要加强工程安全监测监控和隐患排查，对溃坝溃堤、恐怖袭击，战争等突发事件完善处置预案。

"五个坚持"战略思路中，坚持党对治水工作的领导是核心，是确保中国式水利现代化全面实现的最大优势；坚持以人民为中心是主线，是确保中国式水利现代化永远造福于人民的根本保障；坚持守正创新是原则，是把握中国式水利现代化正确方向的科学指引；坚持系统治水兴水是方法，是统筹推进中国式水利现代化建设的根本遵循；坚持底线思维和风险意识是保障，是确保中国式水利现代化稳步推进的红线底线。"五个坚持"是相互联系、相互促进、辩证统一的整体，对于新时代中国式水利现代化的探索实践具有重要的指导意义。

第 7 章

中国式水利现代化的推进路径

推动中国式水利现代化是一项长期复杂的系统工程，要锚定全面建设社会主义现代化国家，实现中华民族伟大复兴的总目标，准确把握中国式现代化的中国特色、本质要求、重大原则，按照水利高质量发展要求，加强前瞻性思考、全局性谋划、战略性布局、整体性推进，科学谋划中国式水利现代化的推进路径，实化细化水利现代化建设重点任务，全面提升国家水安全保障能力，为以中国式现代化全面推进强国建设、民族复兴伟业提供坚实的水安全保障。

7.1 加快推进国家水网和智慧水利建设，走出一条网络化、智慧化、协同化的水利现代化道路

7.1.1 建设思路

我国建成了世界上规模最大、范围最广、受益人口最多的水利基础设施体系，具备向网络化、智慧化、协同化发展的基础条件。新发展阶段，水利现代化发展需要以庞大水利基础设施为基础，迈向新的发展台阶。中国式水利现代化目前有两个强有力抓手，一是以国家水网为引领，解决防洪减灾、水资源配置、河湖生态保护治理体系不完善以及防洪安全、供水安全、生态安全保障程度不高等问题；二是加强数字孪生水利建设，通过现代化信息新技术应用，使水利在监测感知、模拟计算、综合决策、调度管理等方面更加科学、便捷和高效。

7.1.2 加快构建国家水网

实施国家水网重大工程，是党的十九届五中全会明确的一项重大任务。"十四五"时期以全面提升水安全保障能力为目标，以优化水资源配置格局、完善流域防洪减灾体系为重点，加快构建"系统完备、安全可靠，集约高效、绿色智能，循环通畅、调控有序"的国家水网，为全面建设社会主义现代化国家提供有力的水安全保障。《中华人民共和国国民经济和社会发展第十四个五年规划和2035年远景目标纲要》对国家水网建设作出安排部署，要求"面向服务国家重大战略，实施川藏铁路、西部陆海新通道、国家水网、雅鲁藏布江下游水电开发、星际探测、北斗产业化等重大工程"。

（1）国家水网概念。国家水网是以自然河湖为基础、引调排水工程为通道、调蓄工程为结点、智慧调控为手段，集水资源优化配置、流域防洪减灾、水生态系统保护等功能于一体的综合体系。加快构建国家水网，可统筹解决水资源、水生态、水环境、水灾害问题，发挥超大规模水利工程体系的优势和综合效益。水网具有系统化、协同化、生态化、智能化等特征。

> **专栏7.1 国家水网特征和功能层级**
>
> 1. 水网特征
>
> （1）系统化：综合考虑防洪排涝、水资源配置与综合利用、水生态保护等需求，构建集多种功能于一体，互联互通、丰枯调剂、有序循环的水流网络。
>
> （2）协同化：根据不同地区资源禀赋条件和发展需求，因地制宜优化水网布局结构和功能配置，实现不同层级间、不同功能间、不同行业间的协同融合，高效发挥水网功能作用。
>
> （3）生态化：在国家水网建设、运行、管理等各环节，充分体现生态优先、绿色发展理念，尊重自然规律，建设生态水利工程，实现人水和谐。
>
> （4）智能化：按照国家支持"两新一重"建设要求，采用数字化、人工智能、物联网等先进技术，推动水利基础设施智能化升级改造，提高水网智能化控制和调度水平。
>
> 2. 水网层级
>
> 根据水利管理权限和分级管理要求，国家水网分为国家骨干网、省级

水网、市级水网、县级水网。

（1）国家骨干网。国家骨干网主要解决国家水资源宏观调配和流域防洪减灾问题。以大江大河干流及重要江河湖泊为基础，重大跨流域、跨区域调水工程和分蓄洪工程为骨干，控制性水库为调配枢纽，通过互联互通、多源互补、蓄泄兼筹，构建国家及重要区域水网主骨架、大动脉。

（2）省级、市级、县级水网。省级、市级、县级水网依托国家骨干网及上一级水网的调控作用，以行政区为单元，形成城乡一体、互联互通的水网体系，主要解决本行政区防洪、供水、灌溉、水生态环境保护等水利服务保障问题，提供高质量的水利公共服务。

（2）国家水网建设任务。一是做好"纲"的文章。围绕国家发展核心区域重大战略，以大江大河干流及重要江河湖泊为基础，以南水北调工程东、中、西线为重点，科学推进一批跨流域跨区域重大引调排水工程规划建设，推进大江大河干流堤防达标建设和重点河段河势控制，针对重点河段适时开展提标建设，构建主要河流生态廊道，加快构建国家水网主骨架和大动脉。二是做好"目"的文章。结合国家、省区市水安全保障需求，加强国家重大水资源配置工程与区域重要水资源配置工程的互联互通，推进区域河湖水系连通工程和引调排水渠道建设，形成城乡一体、互联互通的省市县水网体系，改善河湖生态环境质量，提升水资源调配和供给保障能力。三是做好"结"的文章。加快推进列入流域及区域规划、符合国家区域发展战略的控制性调蓄工程和重点水源工程建设，充分挖掘现有工程的调蓄能力，加强流域水工程联合调度，提升水资源调蓄能力，发挥工程综合功能和效益。

（3）国家水网建设目标。到 2025 年，建设一批国家水网骨干工程，国家骨干网建设加快推进，省市县水网有序实施，着力补齐水资源配置、城乡供水、防洪排涝、水生态保护、水网智慧化等短板和薄弱环节，水安全保障能力进一步提升。到 2035 年，基本形成国家水网总体格局，国家水网主骨架和大动脉基本建成，省市县水网基本完善，水资源优化配置能力、水旱灾害防御能力、河湖生态保护治理能力、水资源战略储备能力显著提升，水网工程智慧化水平显著提高，国家水安全保障能力和风险防控能力显著增强。展望到 21 世纪中叶，全面建成与社会主义现代化强国相适应的高质量、现代化的国家水网，各层级水网高效协同融合，国家水安全得到有力保障。

专栏 7.2　省市县级水网规划设计要点

1. 省级水网

省级水网在国家水网中处于承上启下的关键环节，是国家骨干网的延伸，对市、县级水网具有重要调控作用。要全方位贯彻"四水四定"原则，根据省域自然河湖水系特点和水利基础设施网络布局，综合考虑水资源多种功能属性，合理布局省级水网骨干工程，构建符合区域特点的省级水网格局。其中，尤其要注重衔接上级水网，协同同级水网，融合下级水网。要加强与国家骨干网的互联互通。按照国家水网总体布局，主动衔接国家骨干网，在国家水网重要输排水通道和结点工程的基础上，依托国家骨干网的调配作用，谋划省级水网重大工程，为加快构建国家水网主骨架和大动脉提供支撑。要围绕国家区域重大战略实施，根据需要和可能，加强与相邻省份水网空间格局的协同谋划，加强互联互通，全面提升区域水安全保障能力。要加强与市县水网空间格局的衔接融合，优化市县水利基础设施网络体系，增强省级水网的覆盖范围和调控能力。

2. 市级和县级水网

市级和县级水网（以下简称"市县水网"）是直接面向用户的水网基础单元，是提升城乡水利基本公共服务水平的基础通道和"毛细血管"。市县水网空间格局设计要依托省级水网的调控作用，优化市县水利基础设施网络，构建各具特色的市县水网空间格局。要注重以实现防洪、供水、灌溉、水生态环境保护等水利服务保障问题为重点，统筹解决水问题，提升水利基本公共服务均等化、全面化、优质化水平。立足本地水、用好境外水、加大再生水，拓水源、优布局、提品质，统筹城市与农村，加快形成城乡一体、互联互通的水网体系。市级水网要重点关注市域重要水源的互联互通，以及城区和重要县城、重要基础设施的防洪安全。县级水网要保障重要乡镇、农田等防洪安全，重点支持城镇供水管网向乡村延伸，因地制宜地开展水系连通，持续改善水生态环境，满足人民群众美好生活向往。

7.1.3　推进智慧水利建设

构建以数字孪生流域为核心的智慧水利体系是发展水利新质生产力、推动水利高质量发展、保障国家水安全的重要路径。近年来云计算、大数据、物联网等新兴信息化技术的应用，使得我国水利科技创新能力和信息化水平持续提升，具备了由传统向数字化、网络化、智能化转变的科技基础。落实《中华人民共和国国民经济和社会发展第十四个五年规划和 2035 年远景目标纲要》提出的"构建智慧水利体系，以流域为单元提升水情测报和智能调度能力"要求，需要按照智慧水利建设的总体部署，统筹数字孪生水网、数字孪生流域、数字孪生水利工程建设，对物理流域进行全要素数字化映射，依托数字孪生流域模拟仿真平台，开展智慧化模拟，支撑精准化决策。

（1）建设思路。按照"需求牵引、应用至上、数字赋能、提升能力"要求，以数字化、网络化、智能化为主线，以数字化场景、智慧化模拟、精准化决策为路径，以构建数字孪生流域为核心，全面推进算据、算法、算力建设，加快构建具有预报、预警、预演、预案"四预"功能的智慧水利体系。

（2）智慧水利建设目标。到 2025 年，通过建设数字孪生流域、"2＋N"水利智能业务应用体系、水利网络安全体系、智慧水利保障体系，推进水利工程智能化改造，建成七大江河数字孪生流域，在重点防洪地区实现"四预"，在跨流域重大引调水工程、跨省重点河湖基本实现水资源管理与调配"四预"，N 项业务应用水平明显提升，建成智慧水利体系 1.0 版。到 2030 年，具有防洪任务的河湖全面建成数字孪生流域，水利业务应用的数字化、网络化、智能化水平全面提升，建成智慧水利体系 2.0 版。到 2035 年，各项水利治理管理活动全面实现数字化、网络化、智能化。

（3）智慧水利建设任务。一是建设数字孪生流域，包括建设数字孪生平台、完善信息基础设施。二是构建"2＋N"水利智能业务应用体系，包括建设流域防洪应用、建设水资源管理与调配应用、建设 N 项业务应用。三是强化水利网络安全体系，包括水利网络安全管理、水利网络安全防护、水利网络安全监督。

专栏 7.3 智慧水利建设重点

1. 构建数字孪生流域

数字孪生流域建设主要包括建设数字孪生平台和完善信息基础设施两项重点工作。其中，数字孪生平台建设主要是升级扩展全国水利一张图，建设数据底板，包含水文、水力学、泥沙动力学、水资源、水环境、水土保持、水利工程安全七大类专业模型的模型平台及知识平台，以及建设重大水利工程的数字孪生工程。完善信息基础设施主要是在传统水利监测体系的基础上，利用智能感知技术和通信技术，建设天空地一体化水利感知网；构建连通各级、各工程单位的水利业务网，以及水利工控网；升级改造 IT 基础设施，建设水利云。

2．"2＋N"水利智能业务应用体系

"2＋N"水利智能业务是指流域防洪应用、水资源管理与调配应用和N 项业务应用。

流域防洪应用主要是在国家防汛抗旱指挥系统的基础上，扩展定制流域防洪数字化场景，升级完善洪水预报、预警功能，重点构建模拟仿真模块，补充旱情综合监测预测功能和淤地坝洪水预报功能，搭建防汛抗旱"四预"业务平台。

水资源管理与调配应用主要是在国家水资源监控能力建设项目、国家地下水监测工程的基础上，完善水资源管理与调配数字化场景，整合取水许可审批、水资源税（费）等信息系统以及水资源监管预警、调配管理决策等功能，搭建取用水管理政务服务与调配综合平台。

N 项业务应用主要包括水利工程建设和运行管理、河湖长制及河湖管理、水土保持、农村水利水电、节水管理与服务、南水北调工程运行与监管、水行政执法、水利监督、水文管理、水利行政、水利公共服务等十余项业务应用。

3．完善水利网络安全体系

完善水利网络安全体系主要加强水利网络安全管理、水利网络安全防护和水利网络安全监督。

7.1.4　协同推进融合发展

融合发展是实现水利现代化的重要发展途径之一。智慧水利将赋能传统水利基础设施转型升级，助力国家水网数字化、网络化、智能化建设。同时，国家水网应加强和与水密切相关的行业、产业融合发展，充分发挥防洪、供水、航运、灌溉等综合功能，有助于融合互动、融通补充，催生水利新产业新业态新模式。

（1）与电力能源融合发展。水电是公认的清洁能源，在我国的能源体系中占据了重要位置。目前一大批大型综合性水利水电枢纽建成投产，为国家发展提供了源源不断的优质电力，节能和环保效益显著。在"碳达峰、碳中和"目标下，为促进清洁能源发展，应在强化节水的基础上，根据水资源承载条件，加强水网与西南、华中、东北等水电基地的协同融合，以及与抽水蓄能电站协同布局，推动已纳入规划、条件成熟的大型抽水蓄能电站开工建设，不断增强储能和调峰能力，保障重要能源基地合理用水需求。

（2）与水运融合发展。我国水路货运量、港口货物吞吐量稳居世界第一，在建设综合交通运输体系、服务国家战略实施中发挥了重要支撑作用。加强水网与水运融合发展，着力发展铁水联运、水水中转，打造高能级港口枢纽，推进构建安全、便捷、高效、绿色、经济的现代水运体系。加快长江干线、西江航运干线、京杭运河等大通道扩能升级；加强平陆运河、江汉运河、江淮运河等工程规划建设，深化赣粤运河、湘桂运河等工程方案论证。

（3）与农业融合发展。我国十几亿人的粮食问题始终是国民经济发展的头等大事，而农田水利建设依然是影响农业稳定发展和国家粮食安全的最大因素。在开启农业农村现代化新征程中，坚守 18 亿亩耕地红线，需要推进高标准农田建设，加大农业水利设施建设力度，因地制宜地推进高效节水灌溉建设，在东北三江平原、松嫩平原、黄淮海平原、长江中下游地区、西南地区等水土资源条件适宜的地区，新建一批现代化大型灌区；加快推进大中型灌区续建配套和改造，提高灌区输配水效率。加快渔业转型升级，推进水产绿色健康养殖，培育一批水产品产业带，不断提高农牧渔业发展水平。

7.2　全方位贯彻"四水四定"的原则，走出一条水资源节约集约、高效利用的水利现代化道路

7.2.1　建设思路

坚持节水优先，全面落实最严格水资源管理制度，实施国家节水行动，强化水资源刚性约束，推进水资源消耗总量与强度双控，加快实施一批大型跨流域、跨区域调水工程，不断完善国家和区域水资源配置体系、城乡供水体系和灌溉体系，推动水资源利用方式进一步向节约集约转变，加快形成节水型生产、生活方式和消费模式。

7.2.2　强化水资源刚性约束

贯彻落实水资源刚性约束制度，坚持"四水四定"，严守水资源开发

利用上限，健全初始水权分配，严格水资源监管，加快建立水资源刚性约束制度，推动以可用水量确定经济社会发展布局、结构和规模，提高水资源节约集约安全利用能力和水平，促进生态文明建设和高质量发展。

（1）控制水资源开发利用总量。明确重要河流主要控制断面的基本生态流量，加快推进江河流域水量分配、地下水管控指标确定等工作，确定区域地表水分水指标、地下水可开采量和水位控制指标、非常规水源利用最小控制量，严控水资源开发利用规模。以管控指标为约束，以水资源承载能力为依据，合理规划产业结构布局和用水规模，引导各行业合理控制用水量。加快提出全国水资源开发利用分区成果，进一步研究细化分区标准，科学划定水资源管理分区，实行分区分类管理。强化水资源论证和取水许可管理，强化规划和建设项目水资源论证的实施，严格水资源用途管制，落实取用水总量控制主体责任，严格流域区域取用水总量控制。

（2）强化农业工业城镇节水。在农业节水方面，大力推进节水灌溉，实施大中型灌区续建配套节水改造，推动东北节水增粮、西北节水增效、华北节水压采、南方节水减排；优化调整作物种植结构，根据水资源条件，推进适水种植、量水生产；实施灌区续建配套与节水改造。在工业节水方面，通过严控高耗水、高污染项目，加快工业节水技术改造，推广节水技术、工艺和设备。在城镇节水方面，通过全面推进节水型城市建设，落实城市节水各项基础管理制度，推进城镇节水改造，大力推广节水型器具，加大再生水等非常规水开发利用等。

（3）严格水资源监管考核。建立健全节水监督管理制度，强化用水定额管理、计划用水管理、节水评价、建设项目节水设施 "三同时" 管理。完善节水监管机制，推动将节水主要指标纳入经济社会发展综合评价体系。健全督查考核机制，完善考核指标体系，注重水资源刚性约束制度、最严格水资源管理实施的日常监督，建立激励奖惩机制。加强取用水管理执法检查，加大水行政执法力度。建立健全全社会节水制度政策，加强节水基础和应用技术研究。

7.2.3　优化水资源配置格局

针对我国夏汛冬枯、北缺南丰的水资源分布特点，立足流域整体和水资源空间配置，抓紧推进一批跨流域跨区域水资源配置工程建设，强化大中小微供水工程协调配套，加快形成以重大引调水工程和骨干输配水通道为纲、以区域河湖水系连通和供水灌溉工程为目、以重点水源工程为结的

水资源配置体系，提升水资源条件与人口、经济、生态环境的均衡匹配
程度。

（1）完善国家水资源配置格局。在全面加强节水、强化水资源刚性约
束的前提下，继续科学推进实施调水工程，完善"南北调配、东西互济、
多元保障"的水资源配置格局，全面增强我国水资源统筹调配能力、供水
安全和粮食安全保障能力、水资源战略储备能力。根据区域水资源特点，
加快完善东北地区、华北地区、华中地区、东南地区、西南地区、西北地
区等区域水资源配置格局。

（2）实施重大引调水工程建设。统筹考虑国家区域重大战略、重要城
市群、重要能源基地、重要农产品主产区、重点生态功能区等重要区域供
水安全保障需求，实施一批重大引调水工程，形成南北、东西纵横交错的
骨干输配水通道，增强流域间、区域间水资源调配能力和城乡供水保障能
力。巩固长江黄金水道、珠江、大运河黄河以南段等航运主通道，实施三
峡枢纽水运新通道建设，加强重要运河工程建设，发挥航运通道在水资源
调配中的功能与作用。

（3）加强重要水源和调蓄工程建设。充分挖掘现有水源工程的调蓄能
力，推进有条件的水库实施清淤疏浚或加高扩容，提升现有工程的供水能
力。谋划建设一批水源基地，增强涵养能力、调蓄能力和配置能力。国家
层面重点依托国家骨干网的水资源调配通道，结合水电开发，将水资源丰
富的河流等作为我国战略水源地；区域层面重点围绕重要城市群、重要能
源基地、重要农产品主产区、重点生态功能区等建设需求，加强一批战略
水源建设。健全国家供水安全战略储备体系，提高城市群、城市、能源基
地供水安全保障能力。

专栏 7.4　推进南水北调后续工程高质量发展

　　南水北调工程是优化水资源配置、保障群众饮水安全、复苏河湖生态
环境、畅通南北经济循环的生命线和大动脉，事关战略全局、事关长远发
展、事关人民福祉。推进南水北调后续工程高质量发展，需要深入分析南
水北调工程面临的新形势新任务，完整、准确、全面贯彻新发展理念，按
照高质量发展要求，统筹发展和安全，坚持习近平总书记"节水优先、空
间均衡、系统治理、两手发力"治水思路，遵循确有需要、生态安全、可
持续的重大水利工程论证原则，立足流域整体和水资源空间均衡配置，科
学推进工程规划建设，提高水资源节约集约利用水平。

继续科学推进实施调水工程，要在全面加强节水、强化水资源刚性约束的前提下，统筹加强需求和供给管理。一要坚持系统观念，用系统论的思想方法分析问题，处理好开源和节流、存量和增量、时间和空间的关系，做到工程综合效益最大化。二要坚持遵循规律，研判把握水资源长远供求趋势、区域分布、结构特征，科学确定工程规模和总体布局，处理好发展和保护、利用和修复的关系，决不能逾越生态安全的底线。三要坚持节水优先，把节水作为受水区的根本出路，长期深入做好节水工作，根据水资源承载能力优化城市空间布局、产业结构、人口规模。四要坚持经济合理，统筹工程投资和效益，加强多方案比选论证，尽可能减少征地移民数量。五要加强生态环境保护，坚持山水林田湖草沙一体化保护和系统治理，加强长江、黄河等大江大河的水源涵养，加大生态保护力度，加强南水北调工程沿线水资源保护，持续抓好输水沿线区域和受水区的污染防治和生态环境保护工作。

7.2.4　保障城乡供水安全

围绕全面推进乡村振兴、加快农业农村现代化建设要求，根据区域水资源条件和经济社会发展布局，聚焦民生改善，进一步加强区域供水工程建设，推进农村供水工程建设，加强灌区现代化建设与改造，提高乡村振兴水利保障水平。

（1）推进农村供水工程建设。以县域为单元，依托现有大水源，采取改造、新建、联网、并网等措施，建设输水管网或配套水厂，大力推进城乡供水一体化建设，实现城镇水厂向农村地区管网延伸供水，提升农村供水质量和标准，让农村老百姓喝上高质量的水，享受与城市人民同等的供水安全保障和公共服务水平。在牧区、山区、偏远地区等不具备规模化供水条件的地区，推进实施一批小型供水工程标准化建设和改造。

（2）加强灌区现代化建设与改造。以粮食生产功能区、重要农产品生产保护区和特色农产品优势区为重点，在东北三江平原、黄淮海平原、长江中下游地区、西南地区等水土资源条件适宜地区，结合水源工程和输配水工程建设，推进一批规模化、集约化、生态化灌区建设。实施中型灌区续建配套与节水改造，改善灌区水源互联互通互济条件，加强计量监测设施与信息化建设。坚持灌区骨干工程建设与高标准农田建设、高效节水灌溉等项目实施相协同，将大中型灌区有效灌溉面积建成高标准农田。

7.3　加快构建现代化防洪减灾体系，走出一条江河安澜、人民安居的水利现代化道路

7.3.1　建设思路

遵循"两个坚持、三个转变"的防灾减灾救灾新理念，以流域为单元，加强全流域系统治理，统筹流域与区域、整体与局部、洪涝出路安排等，坚持蓄泄兼筹，采取"扩排、增蓄、控险"的思路，实施防洪巩固提升工程，完善由河道、堤防、水库、分蓄洪区等组成的防洪工程体系，科学提升洪涝灾害防御工程标准，不断提升洪水风险防控能力，全面提升洪涝灾害防御能力，为全面建设社会主义现代化国家提供坚实的防洪安全保障。

7.3.2　建设现代化防洪减灾体系

新发展阶段，进一步完善流域防洪减灾体系，应结合水旱灾害防御新形势和新要求，统筹防洪工程与非工程措施，以七大江河流域及其主要支流为重点，考虑中小河流防洪关系，以保护重要经济区、重要城市、重大基础设施、粮食主产区、重要能源基地等防洪安全为目标，以流域为单元，建设"系统完备、智能高效、安全可靠"的现代化流域防洪减灾体系。

（1）提高河道泄洪能力。对照防御目标洪水的规划行洪能力，通过河道堤防达标建设和河道整治，提高重点河段、主要控制站宣泄洪水能力和新增、扩建洪水外排通道。对于北方河流，重点维持和扩大河道行洪能力，减轻河道淤积、萎缩，确保行洪畅通；对于南方河流，重点维护河势稳定，协调好干支流关系，减轻干流防洪压力。新建和扩大骨干水道排洪能力，重点解决太湖流域外排出口通道不足和长江、淮河、珠江部分区域洪水流路不足、泄洪通道不完善问题，扩充部分河流相机分泄通道。通过实施河口综合治理，重点解决海河、黄河、辽河、珠江等河流河口淤积、萎缩及河床抬高等问题，稳定河口入海流路，保持河口稳定和畅通。

（2）增强洪水调蓄分蓄能力。通过加强防洪控制性枢纽建设、蓄滞洪区建设，以及湖泊、洲滩民垸治理，增强流域上中游拦蓄能力和中下游分

蓄洪能力，促进洪水资源化利用。加快实施一批流域控制性水库工程建设，提高江河洪水调蓄能力，努力争取流域洪水防控的主动权。根据流域洪水出路安排和防洪保护要求，优化调整蓄滞洪区布局，加快推进长江、淮河、海河等流域重要蓄滞洪区建设，确保其正常分蓄洪功能，使其在关键时刻能发挥关键作用。加强蓄滞洪区土地利用、产业引导和人口规模管控，优化黄河下游滩区治理方案，引导区内人口有序外迁。在有条件的地方，实行退田（圩）还湖。禁止非法侵占河湖水域，保护行蓄洪空间。以恢复蓄洪空间、行洪通道和生态空间为目标，因地制宜地采取"双退"或"单退"方式，开展洲滩民垸分类整治，恢复行洪滞洪功能。

（3）提高洪水风险防控能力。充分考虑气候变化引发的极端天气影响，增强安全风险意识，科学提升洪涝灾害防御工程标准，增强洪水相机排泄的机动性，控制行蓄洪空间不减少。加强防洪工程安全隐患排查，采取有效措施消除险情。加快完善流域洪水预报、预警、预演、预案体系建设。加强洪水监测预报预警，提升洪水预测预报的时效性和准确率。完善超标准洪水预案，加强水利工程联合调度。加强行蓄洪空间管控，做好大江大河中下游地区洪水风险评估，加强土地利用和建设项目防洪影响评价和风险管控，降低洪涝灾害损失。

专栏7.5 完善流域防洪减灾体系

1. 长江流域

坚持"蓄泄兼筹、以泄为主"的防洪方针，通过上中游水库群建设和联合调度，实施干流河道整治及堤防达标建设、洞庭湖和鄱阳湖综合治理、重要支流堤防建设以及蓄滞洪区建设，继续完善中下游以堤防为基础、三峡工程为骨干，干支流水库、蓄滞洪区、河道整治相配套，结合封山植树、退耕还林、平垸行洪、退田还湖，水土保持措施及防洪非工程措施组成的综合防洪体系，在发生1954年型洪水时，保证重点保护地区的防洪安全。

2. 黄河流域

坚持"上拦下排、两岸分滞"调控洪水和"拦、调、排、放、挖"综合处理泥沙的防洪方针，通过加强干支流骨干枢纽建设、干流河道和下游滩区综合治理、完善分滞洪工程，继续完善以中游干支流水库、下游河防工程、蓄滞洪区工程为主体的黄河下游防洪工程体系，确保防御花园口洪峰流量 22000m³/s 堤防不决口。

3. 淮河流域

按照"蓄泄兼筹、以泄为主"的防洪方针,通过上游加强山区防洪水库建设,中游继续实施行蓄洪区调整建设、整治河道、加固堤防和涝区治理,下游建设入海水道二期工程,扩大入江入海泄洪能力,推进沂沭泗河洪水东调南下工程提标建设,继续完善由水库、河道堤防、行蓄洪区、分洪河道、防汛调度指挥系统等组成的防洪除涝减灾体系,提高流域防洪保安能力。

4. 海河流域

按照"上蓄、中疏、下排、有效治洪"的原则,继续完善"分区防守、分流入海"的流域防洪格局,通过加强上游山区水库安全和调度管理,加快实施各河系骨干河道防洪治理,以河北雄安新区、北京城市副中心等区域和重要城市为重点,优化调整蓄滞洪区布局并加快建设,继续完善由水库、河道、堤防、蓄滞洪区组成的防洪工程体系,保障重点地区防洪安全。

5. 珠江流域

坚持"堤库结合、以泄为主、泄蓄兼施"的防洪方针,通过持续实施骨干河道整治和控制性水库建设,继续完善以堤防工程为基础、结合水库调控以及浈江蓄滞洪区和分洪水道共同发挥作用的防洪工程体系,保障重点保护区防洪安全。

6. 松花江流域

坚持"蓄泄兼筹、综合治理、突出重点"的防洪方针,通过实施干支流河道治理、防洪水库建设,完善以堤防为基础、干流控制性水利枢纽工程和中下游蓄滞洪区为重点的防洪工程体系。

7. 辽河流域

坚持"蓄泄兼筹、防用结合、综合治理"的防洪方针,通过实施干支流河道治理、防洪水库建设,完善骨干水库、拦河分洪枢纽、下游河道堤防相结合的防洪体系。

8. 太湖流域

按照"蓄泄兼筹、洪涝兼治、引排结合"的防洪方针,以太湖洪水安全蓄泄为重点,继续完善洪涝水北排长江、东出黄浦江、南排杭州湾的流域防洪工程布局,提升流域区域防洪减灾能力。

7.3.3　加强防洪工程措施建设

(1) 实施河道行洪通道巩固拓展。以堤防、河道整治和河势控制为重点,实施全国重要江河防洪巩固与拓展工程。在淮河、太湖等流域新建或扩建一批骨干排洪通道，解决流域下游、平原河网地区外排通道不足、洪水出路不畅等问题。加强河口治理，保持河口稳定畅通。开展洲滩民垸分类整治，恢复蓄洪空间、行洪通道和生态空间。

（2）实施堤防达标与提质增效。结合江河治理，加快开展堤防达标建设，消除堤防安全隐患，对涉及国家重大战略区、重要经济区、重要城市群和重点城市的河段开展提标建设。根据防洪保护对象变化，新增实施一批河道堤防建设工程。以经济发达、人口密集、社会财富高度集中、风暴潮灾害严重的沿海地区为重点，实施万里生态海堤建设。

（3）加快重点流域控制性枢纽工程建设。结合水资源综合开发和利用，实施一批对完善流域防洪减灾体系、提高流域区域洪水调控能力有重要作用的控制性枢纽工程建设；完善黄河水沙调控体系，努力争取流域洪水防控的主动权。加快实施病险水库除险加固，确保水库安全长效运行。

（4）加强蓄滞洪区布局优化调整与建设。根据流域防洪和水资源形势变化等情况，优化调整蓄滞洪区布局。以长江、淮河、海河等流域为重点，加快蓄滞洪区工程建设和安全建设，重点推进启用概率大、分洪滞洪作用明显的蓄滞洪区建设，确保蓄滞洪区遇流域大洪水时分得进、蓄得住、退得出。加强蓄滞洪区土地利用和人口控制管理，全面解决蓄滞洪区内人水争地问题。

专栏 7.6　中小河流系统治理新要求

党中央高度重视中小河流治理工作。2009年以来多次在中央一号文件中明确指出要加强中小河流治理。水利部先后组织开展了多批次中小河流治理，在财政部支持下，各级政府落实主体责任、精心组织实施，有序推进中小河流治理工作。经过十余年努力，全国中小河流防汛抗洪能力和防灾减灾能力明显提升，保障了江河安澜，取得显著社会效益、经济效益和生态效益，为如期全面建成小康社会、实现第二个百年奋斗目标奠定坚实基础。

新阶段做好中小河流治理工作，需要全面调查评估有防洪治理任务的中小河流现状基本情况、治理成效、存在主要问题和进一步治理需求，结合新形势变化提出未来一段时期中小河流治理的总体思路和政策措施，统筹上下游、左右岸、干支流，以流域为单元，按照逐流域规划、逐流域治理、逐流域验收、逐流域建档立卡的要求，逐流域、逐河流编制系统治理方案，综合确定治理目标、主要任务、措施方案和实施安排。

做好逐河流中小河流治理方案编制是一项重要的任务，需要准确把握中小河流洪水特点、演进规律和灾害特征，以河流水系为单元，坚持区域服从流域、局部服从整体，统筹河流整体防洪要求，突出治理的系统性、整体性、协同性，妥善处理好上下游、左右岸、干支流关系，分河施治，科学编制每条河流的治理方案，形成"一河一案"。以逐条中小河流为基础，对处于同一个防洪工程体系、有干支流洪涝水蓄泄关系的中小河流，宜以所在河流水系或区域为单元，但治理目标、治理标准、治理任务和治理措施需细化到各河流（段）上。治理措施以防洪治理为主，有条件的地区开展多目标综合治理，合理选定与中小河流洪水特点、经济社会发展水平相适应的治理模式。

7.3.4 加强非工程措施建设

（1）完善法律法规和制度政策。加快制定、修订完善相关法律法规，推进《中华人民共和国防洪法》《中华人民共和国河道管理条例》等法律法规修改工作。研究和推动出台防洪有关政策和制度，建立健全防洪工程水毁修复制度，加快出台防洪工程水毁修复管理办法等，研究制定完善蓄滞洪区运用补偿和洲滩民垸、滩区运用补偿的相关制度，明确补偿的主体、方式、标准。推进防洪有关体制和能力建设，完善防汛抢险部门联动机制、防汛抢险工作制度，加强执法队伍建设，提高执法监督能力和水平。

（2）加强防洪区管理。研究制定与防洪保护区内洪水风险程度相匹配的国土空间开发管控要求。加强长江、淮河、海河等流域蓄滞洪区管理，从维持行蓄洪空间和功能出发，制定蓄滞洪区人口管理、国土空间开发用途管控的规则，落实管理主体责任。加强洪泛区及洲滩民垸管控，研究提出保障洪泛区行蓄洪空间的限制开发利用方案与政策建议。从防洪工程设施建设、土地开发利用管控等方面提出规划保留区管理意见建议。以河湖长制为抓手，严格河湖水域空间管控。

（3）加强洪水风险管理。开展洪水风险管理关键薄弱环节研究，加强防洪工程安全隐患排查，开展大江大河中下游地区洪水风险评估。继续开展洪水风险图编制和洪水风险区划、洪水灾害防治区划工作。加强洪水风险图应用，推进洪水保险。推进防洪社会化管理，加强洪水风险意识的宣传教育，引导民众认识风险、规避风险、提高应急避险能力。

（4）加强防洪工程管理与调度。结合防洪工程类型、功能任务、行政区划、所有权等因素，明确防洪工程管理主体、责任以及管理范围、保护范围。统筹考虑维持河道行洪能力、水资源高效利用、水生态环境保护等要求，结合防洪调度工作实际，完善流域洪水调度方案预案，重视前沿方法技术在防洪调度工作中的应用。

（5）研究超标准洪水应对策略。考虑历史上曾经发生的最大洪水，根据超标准洪水出路安排，估计超标准洪水条件下的洪水量及其洪水过程，分析超额洪水淹没范围和影响，统筹考虑上下游、左右岸利益，研究避免人员伤亡、降低洪涝灾害损失的主要措施，完善超标准洪水应对预案。

7.4 系统复苏河湖生态环境，走出一条人水和谐共生的水利现代化道路

7.4.1 建设思路

牢固树立生态文明理念，以提升水生态系统质量和稳定性为核心，树立尊重自然、顺应自然、保护自然的生态文明理念，坚持系统治理、综合治理、源头治理，流域上中下游统筹，地表地下兼顾，因地制宜、综合施策，按照"涵养水源、治理损害、复苏生态"的思路，坚持山水林田湖草沙系统治理，实施水生态治理与修复工程，提升河湖生态保护治理能力，实现河湖功能永续利用，促进人水和谐共生。

7.4.2 加强河湖治理保护

河流生命的核心是水，命脉在于流动。要按照重塑和保持河流健康生命形态的要求，统筹生活、生产和生态用水配置，保障河湖水体连续性和生态系统完整、健康、稳定。加快划定落实河湖空间保护范围，加强河湖水域岸线空间分区分类管控，实施河湖空间带修复，打造沿江沿河沿湖绿色生态廊道。

（1）实施河湖生态治理修复。以流域为单元，北方地区实施河湖复苏工程，南方地区实施河湖生态治理工程，推进大江大河河口生态修复与综合治理。以重大国家战略区域生态受损河流湖泊和重要生态廊道为重点，

在北方地区推进京津冀地区河湖、大运河、西辽河、渭河、汾河、西北内陆河等水资源开发利用过度的河湖生态治理修复，加强水资源节约保护和优化配置，逐步退还被挤占生态用水，必要时开展生态补水，复苏河湖生态环境；南方地区推进岷江、沱江、太湖、鄱阳湖、洞庭湖、巢湖等河湖生态治理修复，改善水动力条件，增强水体自净能力。

（2）加强河湖水域岸线空间管控。根据水利部印发《关于加强河湖水域岸线空间管控的指导意见》要求，严格管控河湖水域岸线，强化涉河建设项目和活动管理，全面清理整治破坏水域岸线的违法违规问题，构建人水和谐的河湖水域岸线空间管理保护格局，不断增强人民群众的获得感、幸福感、安全感。河湖管理范围划定是河湖管理保护的重要基础性工作，应抓紧完善河湖划界成果，在"全国水利一张图"平台上图。针对城市、农村、郊野等不同区域特点，根据相关规划，在已划定的河湖管理范围边界的基础上，探索向陆域延伸适当宽度，合理安排河湖管理保护控制地带，加强对河湖周边房地产、工矿企业、化工园区等"贴线"开发管控。严格岸线分区分类管控，严格依法依规审批涉河建设项目，严格管控各类水域岸线利用行为，依法规范河湖管理范围内耕地利用。

（3）实施河湖"清四乱"行动。全面摸清和清理整治河湖管理范围内乱占、乱采、乱堆、乱建等"四乱"突出问题，发现一处、清理一处、销号一处。乱占主要包括：围垦湖泊；未依法经省级以上人民政府批准围垦河道；非法侵占水域、滩地；种植阻碍行洪的林木及高秆作物。乱采主要包括：河湖非法采砂、取土。乱堆主要包括：河湖管理范围内乱扔乱堆垃圾；倾倒、填埋、贮存、堆放固体废物；弃置、堆放阻碍行洪的物体。乱建主要包括：河湖水域岸线长期占而不用、多占少用、滥占滥用；违法违规建设涉河项目；河道管理范围内修建阻碍行洪的建筑物、构筑物。

7.4.3　强化生态流量保障

河湖生态流量是指为了维系河流、湖泊等水生态系统的结构和功能，需要保留在河湖内符合水质要求的流量（水量、水位）及其过程。保障河湖生态流量，事关江河湖泊健康，事关生态文明建设，事关高质量发展。应以维护河湖生态系统功能为目标，科学确定生态流量，严格生态流量管理，强化生态流量监测预警，加快建立目标合理、责任明确、保障有力、监管有效的河湖生态流量确定和保障体系，加快解决水生态损害突出问题，不断改善河湖生态环境。

（1）制定河湖生态流量目标。明确生态流量目标确定事权，明确河湖生态保护对象，确定河湖生态流量控制断面，按照河湖水资源条件和生态保护需求，选择合适的方法计算并进行水量平衡和可达性分析，综合确定河湖生态流量目标。一般河流应确定生态基流；具有特殊生态保护对象的河流，还应确定敏感期生态流量；天然季节性的河流，以维系河流廊道功能确定有水期的生态水量目标；水资源过度开发的河流，可结合流域区域水资源调配工程实施情况及水源条件，合理确定分阶段生态流量目标；平原河网、湖泊以维持基本生态功能为原则，确定平原河网、湖泊生态水位（水量）目标。

（2）落实河湖生态流量管理措施。强化流域水资源统一调度管理，对控制断面流量（水量、水位）及其过程影响较大的水库、水电站、闸坝、取水口等，纳入调度考虑对象。新建、改建和扩建水工程，落实生态流量泄放条件。已建水工程不满足生态流量泄放要求的，改进调度或增设必要的泄放设施。加强河湖生态流量监测，建立河湖生态流量预警机制。

7.4.4　加强水土流失综合治理

水土资源是人类赖以生存和发展的基础性资源。水土流失是我国重大的环境问题。水土保持是我国生态文明建设的重要组成部分，是江河治理的根本，是乡村振兴战略实施的基础工程，事关国家生态安全、防洪安全、饮水安全和粮食安全。应以全国水土保持区划为基础，以国家级水土流失重点防治区为重点，结合国家重要生态系统保护和修复重大工程，构建"三片五带"水源涵养与水土保持新格局。

（1）明确水土保持总体方略和布局。综合分析水土流失防治现状和趋势、水土保持功能的维护和提高需求，明确水土保持方略。预防方面，保护林草植被和治理成果，强化生产建设活动和项目水土保持管理，实施封育保护，促进自然修复，全面预防水土流失；重点突出重要水源地、重要江河源头区、水蚀风蚀交错区水土流失预防。治理方面，在水土流失地区，开展以小流域为单元的水土流失综合治理，加强坡耕地、侵蚀沟及崩岗的综合整治；重点突出西北黄土高原区、东北黑土区、西南岩溶区等水土流失相对严重地区，坡耕地相对集中区域，以及侵蚀沟相对密集区域的水土流失治理。监管方面，建立健全综合监管体系，创新体制机制，强化水土保持动态监测与预警，提高信息化水平，建立和完善水土保持社会化服务体系。

（2）加强重点区域水土流失治理。加强大江大河及重要支流源头区生态保护修复，恢复退化湿地生态功能和周边植被，强化水土流失预防保护，提高三江源"中华水塔"、若尔盖草原湿地、秦岭等重点江河源头地区以及重要水源补给地水源涵养能力。以长江和黄河上中游、东北黑土区、西南岩溶区为重点，因地制宜地推进坡耕地综合整治、淤地坝建设、侵蚀沟治理等工程，完善水土保持工程措施体系，综合防治水土流失，提升水源涵养和水土保持功能，稳步提升水土保持率，减少土壤流失量。

（3）加强水土流失监管。按照源头严防、过程严管、后果严惩的要求，建立水土保持监管权责清单，持续创新监管手段，分类细化监管规则标准。建立全国、重点流域区域、省市县等多层级的水土流失状况和防治成效监测评价标准体系，开展水土保持状况成效监测评价。健全水土保持监管与执法、执法与司法的有效衔接机制，强化与相关部门的协同监管执法，形成监管合力。

7.4.5　加强地下水超采综合治理

由于水资源短缺，部分地区特别是在北方，长期大量超采地下水，从而引发了地面沉降、生态退化等一系列的生态环境地质问题。坚持问题导向，按照近远结合、综合施策、突出重点、试点先行的原则，通过采取"一减、一增"综合治理措施❶，系统推进地下水超采治理，逐步实现地下水采补平衡，为促进经济社会可持续发展提供水安全保障。

（1）严格地下水分区管理要求。开展地下水状况的调查评价，统筹考虑地下水超采区划定、地下水利用情况以及地质环境条件等因素，划定地下水禁止开采区、限制开采区。加强地下水源保护，按照禁止开采区和限制开采区要求，实行分区管护。通过加大海绵城市建设力度、调整种植结构、推广节水农业、加强工业节水、实施河湖地下水回补等措施，逐步实现地下水采补平衡。

（2）加强重点地区地下水超采综合治理。深入推进三江平原、松嫩平原、辽河平原、西辽河流域、黄淮地区、京津冀、鄂尔多斯台地、汾渭谷地、河西走廊、天山南北麓、北部湾等重点地下水超采区综合治理，推进大运河生态保护与修复，在确定地下水取用水量和水位控制指标的基础

---

❶ "一减"即通过节水、农业结构调整等措施，压减地下水超采量；"一增"即多渠道增加水源补给，实施河湖地下水回补，提高区域水资源水环境承载能力。

上，采取强化节水、禁采限采、水源置换等综合措施压采地下水超采量，严控地下水开发强度。多渠道增加水源补给，有条件的地区，通过引调水工程实施超采区地下水回补。

7.4.6 推进水系连通及水美乡村建设

农村水系是乡村自然生态系统的核心组成部分，是乡村振兴水利工作的重要切入点，是提升农村河湖水系生态环境，促进水美乡村建设的关键举措。应以县域为单元、河流为脉络、村庄为节点，结合村庄建设，加快推进水系连通及水美乡村建设。

（1）探索分区治理模式。北方山丘区实现河道自然面貌得到还原，河道功能得到基本恢复，两岸水土流失得到有效治理，形成山青岸绿、形态自然的农村水系。北方平原区实现两岸岸坡整洁、河湖连通；常年有水河流保持一定水面、河面清洁，季节性河流河道形态基本恢复，形成水润乡村、自然蜿蜒的农村水系。南方丘陵区实现水土流失有效改善，岸坡稳定、河面清洁，水生态系统功能逐步恢复，形成依山临水、山水相映的水美乡村。南方平原河网区实现河道泄排通畅、水系格局清晰，岸线完整、河面清洁，体现人文景观，形成水畅景美、人水和谐的水美乡村。

（2）采取生态化治理措施。结合清淤疏浚、岸坡整治、水系连通、水源涵养、水土保持等举措，强化集中连片推进、水域岸线并治，并借用自然力，尽可能地保持河湖自然形态，保护河流的多样性和河道水生生物的多样性，提高农村水系的防洪排涝、灌溉供水、娱乐景观等功能。通过恢复农村河湖"盆"的功能、维护"盆"的形态、用好"盆"中的水，提升农村人居环境质量，提供优质生态产品。

7.5 强化水治理体制机制和水文化建设，走出一条管理有序、全民爱水的水利现代化道路

7.5.1 建设思路

坚持依法治水、科学管水，全面加强水利法规制度建设，强化涉水事务监管，推进科技人才创新和水文化建设，不断提升水治理能力现代化水平。针对水治理体制机制不健全、不完善等问题，发挥政府与市场的协同

作用，推动水利重点领域和关键环节改革，破除水利改革发展瓶颈，为国家水安全提供制度保障。

7.5.2 夯实水利法治基础

我国水法规从无到有、不断完善，形成了以《中华人民共和国水法》为核心的较为完备的水法规体系，涵盖水资源保护、河湖保护、水土保持、水旱灾害防御、工程建设与运行管理等方面。需要结合新阶段水利高质量发展要求，深入贯彻落实法治政府建设要求，加快完善水利法规制度体系，增强水利高质量发展的制度保障。

（1）加强重点领域法律法规制度建设。加快修订《中华人民共和国水法》《中华人民共和国防洪法》。加强重点流域保护治理、水资源管理、河湖管控、水旱灾害防御、水利工程建设与运行调度等法规制度建设，提高立法质量和效率。积极推动《中华人民共和国长江保护法》、《中华人民共和国黄河保护法》配套制度建设。支持地方加强水利立法，推动省际水资源节约利用、河湖管理、防洪调度、生态水量管控等方面立法协同。

（2）提高水行政执法质量和效能。坚持严格规范公正文明执法，全面推行行政执法"三项制度"，加强水行政执法监督。继续做好水利突出问题专项执法的同时，加大常态化执法力度，线上清查和线下整治、暗访与日常巡查相结合，加强违法线索规范管理、综合研判和实地核查，开展重点领域、敏感水域常态化滚动排查整治。加强水行政执法能力建设，强化执法队伍和装备建设，加大执法保障力度，统筹配置执法资源和执法能力，做好执法人员岗前岗位培训和资格管理。推进流域与区域、水利与公安等联合执法，完善水行政执法与刑事司法衔接机制，严厉打击各类水事违法行为。

（3）深入推进水利依法行政。纵深推进水利"放管服"改革，全面推行清单管理制度，深入推进"证照分离"改革。加强事中事后监管，健全监管规则标准，改进监管方式，推进水利政务服务重点领域和高频事项便捷办理，提升服务效能。健全水事纠纷预防调处化解机制，畅通和规范水事纠纷诉求表达、利益协调、权益保障通道。完善法律顾问、公职律师等制度，推进水利依法决策，加强规范性文件审核工作，从严审查行政行为的合法性和适当性。加强法治宣传教育，不断提升运用法治思维和法治方式推动新阶段水利高质量发展的能力水平。

7.5.3 完善水利管理体制

贯彻落实党和国家机构改革精神，进一步明确各级水行政主管部门职责任务，形成边界清晰、分工合理、权责一致、运行高效、法治保障的水行政管理职能体系。

（1）建立政府水安全保障责任机制。按照财权事权对等、责权利明晰的原则，加快建立完善水安全保障责权利机制，推进政府职责划分和行政效率提高，加强中央与地方财力统筹，激励地方政府主动作为，促进责、权、利相统一。按照中央和地方政府职能定位，明确中央与地方水安全保障事权划分的总体要求、主要范围、责任主体。进一步界定中央和地方共同事权的边界，理顺事权关系。

（2）建立流域综合管理与协调机制。坚持系统观念，统筹流域与区域、发展和安全，强化跨流域、跨部门、跨区域协调统一管理，加快形成中央统筹协调、部门协同配合、属地抓好落实、各方衔接有力的流域综合管理机制，协同高效推进流域水治理。深化流域管理机构改革，加强全流域执法能力建设，完善跨区域跨部门联合执法机制，健全完善流域突发水事件应急预案体系，建立广泛、高效、多样的合作机制和参与渠道，引导和鼓励公众参与流域水治理。

（3）深入落实河湖长制。进一步完善河湖长制组织体系，强化落实河湖管理保护属地责任。规范河长湖长履职，细化实化各级河长湖长及相关部门职责。推动各地建立完善"河湖长＋"机制，加强部门协调联动，推进行政执法与刑事司法相衔接。加强河湖日常巡查管护，探索创新河湖巡查管护机制，着力打通河湖管护"最后一公里"。开展河湖健康评价，科学编制"一河（湖）一策"方案，推进实施河湖综合治理、系统治理，努力建设健康、美丽、幸福河湖。

7.5.4 深化重点领域改革

适应水利建设、改革和管理需要，加大水利重点领域和关键环节改革攻坚力度，重点加快水资源税、水价、水市场改革，深化水利投融资机制改革，深化水利工程管理体制改革。

（1）深化价税改革。充分发挥价格杠杆和税收调节作用，推进水资源税改革，推动完善水价形成机制，探索建立生态产品价值实现机制。推进水资源税改革，落实节约用水财税政策，完善水资源计税水量计量监管。推进水权改革，建立健全水权分配和水权交易制度，培育水权交易市场。完善水价形成机制，建立健全有利于促进水资源节约和水利工程良性运行、与投融资体制相适应的水利工程水价形成机制。深入推进水资源税改革，建立水资源税征收管理与水资源管理保护工作衔接机制。健全多元化水利投融资机制，推进水利基础设施投资信托基金（REITs）试点工作，构建水利基础设施存量资产和新增水利基础设施的良性循环机制。

（2）完善水流生态保护补偿制度。探索建立生态产品价值实现机制，开展生态产品价值理论与核算方法研究。加快重点流域上下游横向生态保护补偿机制建设，支持沿线省（自治区、直辖市）在干流及重要支流自主建立省际和省内横向生态补偿机制。积极探索对口协作、产业转移、人才培训、共建园区、购买生态产品和服务等方式，推动补偿方式的市场化、多元化。

（3）积极稳妥推进用水权市场化交易。以安全用水和节约高效利用水资源为导向，培育用水权交易市场，盘活存量，严控增量，探索开展用水权市场化交易的配套制度。推进江河水量分配，合理确定地下水管控指标，明晰区域用水权。严格取水许可管理，科学核定取用水户许可水量，明晰取用水权。完善用水权市场化交易制度。规范用水权市场化交易平台，探索建立闲置用水权认定和处置机制，盘活存量水资源，增加可交易用水权。探索用水权集中收储制度，推进用水权回收回赎、集中保管、重新配置后出售。积极培育和发展用水权交易市场。引导和推进流域内、地区间、行业间、用水户间等多种形式的用水权交易，积极探索优质水资源用水权跨流域交易。

（4）深化水利工程管理体制改革。坚持产权明晰、责任明确、管护规范的原则，加快健全小型水利工程管理体制，建立工程良性运行长效机制，确保工程安全运行和效益充分发挥。

创新小型水库管护模式。积极创新管护机制，对分散管理的小型水库，切实明确管护责任，实行区域集中管护、政府购买服务、"以大带小"等管护模式。积极培育管护市场，鼓励发展专业化管护企业，不断提高小型水库管护能力和水平。探索推进投建运管一体化的建设管理模式。加快国有水利企业的市场化改革，增强企业的资信和融资能力，通过股权投资、特许经营等市场化的模式参与水利工程的建设管理，实现投建运管的一体化，提高工程的建设和管理水平，促进企业良性发展。

7.5.5　挖掘传承弘扬水文化

以保护、传承、利用和弘扬中华水文化为主线，加强水文化建设，繁荣发展先进水文化，积极开展水情教育，大力宣传节水和洁水观念，引导公众增强节约水资源、保护河湖水生态的思想意识和行动自觉，为保障国家水安全提供强有力的思想保证、精神动力和文化支撑。

（1）加大水文化遗产保护和挖掘。强化中华优秀水文化保护和挖掘，因地制宜地组织开展水文化遗产调查和认定。制定国家水利遗产认定标准和管理办法，开展国家水利遗产认定，积极推动更多水利遗产列入世界文化遗产和世界灌溉工程遗产名录。着力开展"红色水文化"保护与挖掘，加强水利史志编撰，做好水利古籍整理。

（2）推进水文化传承和利用。推动已建水利工程与文化融合发展，挖掘和弘扬南水北调、三峡等重大水利工程时代价值，推出水利工程与文化融合的精品工程。提升新建水利工程文化品位，积极推进文化要素融入水利工程规划、设计、建设等各阶段。在"一河（湖）一策"治理中融入水文化内涵，开展江河寻根溯源及发源地立碑标记工作，推动一批重大水利工程水利风景区建设，建设中国水文化博物馆等一批水文化工程，打造水文化长廊。系统梳理人水和谐共生的治水理念，推选一批历史治水名人，精心创作推出一批水文化精品力作和展览。

（3）加强水情教育。做好水情教育顶层设计，构建政府引导、多部门共同推动的工作格局。加强水情教育基础设施建设，推动各流域机构、各省（自治区、直辖市）依托已建和在建水利工程、城市河湖岸边公共区域等，建设展示以治水历史与成就以及水科普为主要内容的场馆和场所，面向公众开展水情教育。设立布局合理、种类齐全、特色鲜明、规模适度的多层级水情教育基地，推动开展省级水情教育基地设立工作，鼓励有条件的市设立市级水情教育基地。推进水情教育知识纳入中小学课程，鼓励高校开设水情教育和水文化课程。加强水情教育专兼职专业人才队伍建设，策划打造一批主题鲜明富有特色的水情教育品牌活动，制作一批高质量的权威水情宣传产品。

第 8 章

中国式水利现代化的保障措施

中国式水利现代化是现代化治水理论和中国国情水情的有机结合，是中国共产党领导下的全体中国人民自主开展的现代化建设的实践过程，并形成了一系列足以影响世界现代化历史进程和方向的成就和经验。锚定为以中国式现代化全面推进强国建设、民族复兴伟业提供有力的水安全保障的总目标，必须强化和巩固中国共产党领导治水工作的核心地位，加强制度建设、队伍建设、创新建设等要素保障。

8.1 加强党的全面领导

党的领导是进一步全面深化改革、推进中国式现代化的根本保证。中国式水利现代化建设，必须加强党对治水工作的全面领导，深刻领悟"两个确立"的决定性意义，进一步增强"四个意识"、坚定"四个自信"、做到"两个维护"，把党的领导贯穿到中国式水利现代化建设各方面全过程。要坚持不懈用习近平新时代中国特色社会主义思想武装头脑，不断提高政治判断力、政治领悟力、政治执行力。要深刻领悟、准确把握习近平总书记关于治水的重要论述，锚定为以中国式现代化全面推进强国建设、民族复兴伟业提供有力的水安全保障的总目标，统筹高质量发展和高水平安全，坚持习近平总书记"节水优先、空间均衡、系统治理、两手发力"治水思路，确保中国式水利现代化建设工作始终沿着正确方向前进。

完善上下贯通、执行有力的组织体系，形成逐级落实推动的工作格局。地方各级政府及其发展改革、水行政主管等部门要切实增强责任意识，加强组织领导，认真履行职责，加强监督检查，切实改进作风，抓好本地区水安全，保障各项任务的落实工作。国家有关部门要各司其职、密切协作，同时加强对地方工作的指导和支持，推动落实好规划的各项任务。

8.2　完善法规制度建设

坚持强化体制机制法治建设，加快重点领域立法修法，强化水行政执法与刑事司法衔接、水行政执法与检察公益诉讼协作机制落地见效，开展重点领域、敏感水域常态化排查整治，依法严厉打击重大水事违法行为。推动建立涉水领域公益诉讼制度，发挥公益诉讼保障监督作用。

深化流域统一规划、统一治理、统一调度、统一管理，统筹推进水利重点领域体制机制创新，不断提升水利治理管理能力和水平。完善流域综合规划和专业规划体系，强化流域规划权威性和引领、指导、约束作用，整体谋划流域保护治理格局。统筹流域工程布局和项目实施，加强流域协同保护治理，做到目标一致、布局一体、步调有序。强化流域多目标高效耦合，建立健全各方利益协调统一的调度体制机制。强化流域统一管理，全面落实水利部流域管理机构"三定"规定，强化河湖统一管理和水权水资源统一管理，构建流域统筹、区域协同、部门联动的管理格局。

全面强化河湖长制，健全"河湖长＋"部门协作机制，加强流域管理机构指导、协调、监督等作用，进一步完善党政主导、水利牵头、部门联动、社会共治机制。充分发挥河湖长在河湖管理保护和水工程运行管理中的重要作用，加强水工程管理范围空间管控和清理整治，推动建立上下游、左右岸、跨区域联防联控联治机制。加强各级河湖长履职情况监督检查、正向激励、考核问责，将河道行洪安全、水库除险加固和运行管护等纳入河湖长制管理体系，确保河湖安全畅通，工程良性运行。

8.3　加大政策支持力度

坚持政府与市场两手发力，以破解水利项目投融资难题为目标，以改革创新为根本动力，发挥政府投资撬动作用，提高水利项目盈利能力，用好金融政策和工具，吸引社会资本参与，构建多元化、多层次、多渠道投融资格局，保障水利建设资金需求，加快推进水利高质量发展。

深化水利投融资改革，积极争取财政投入，充分发挥政府资金引导带动作用，扩大地方政府专项债券利用规模，用足用好中长期贷款和政策性开发性金融工具，鼓励各类金融机构加大对水利重点领域的信贷支持，推动水利基础设施领域不动产投资信托基金（REITs）健康发展。完善水利工程运行管理体制机制，鼓励引导水利企业加强现有资产的优化布局和重组整合，提高工程建设和管理水平；鼓励发展专业化管护企业，不断提高小型水利工程管护能力和水平。深化水价形成机制改革，积极推动水利工程供水价格改革，建立健全科学合理的水价形成机制，积极稳妥推进农业水价综合改革。

8.4　凝聚合力创新支撑

要充分调动各方的积极性、主动性、创造性。协调增进全体人民用水、护水、治水、管水权利，不断满足人民日益增长的高质量水产品和水服务的需求，让广大人民群众的获得感、幸福感、安全感更加充实、更有保障、更可持续，推动社会各界参与治水管水的活动，广泛凝聚共识，调动和引导各方力量，促进中国式水利现代化共建共享取得更为明显的实质性进展，不断把人民对安全水系统、优质水资源、健康水生态、宜居水环境的向往变为现实。

强化数字赋能，创新联动。要集聚力量进行原创性引领性水利科技攻关，加快推进数字孪生流域、数字孪生水网、数字孪生工程建设，大力提升治水管水的数字化、网络化、智能化水平。将水领域的理论创新、制度创新、科技创新、文化创新及其他创新相互联动，构建全方位的创新体系，全力打造创新型治水管水系统。坚持科技创新和制度创新"双轮驱动"，加快构建完善支持全面创新的基础制度，加强科技政策与财税、金融、产业、知识产权等相关政策的衔接协同，大力推进科技治理体系和治理能力现代化，形成适应新时代科技创新的实践载体、制度安排和良好环境。

8.5　营造良好社会氛围

加大国情水情宣传教育力度，持久开展水利法治宣传教育，提高全社会的水忧患和亲水、护水意识，增强公众水安全风险观念。深入挖掘展示中华优秀传统文化中蕴含的治水兴水的理念和智慧，传承和弘扬优秀水文化，加大宣传教育推广力度，激发全社会参与水利现代化建设的积极性。

　　大力学习宣传习近平总书记治水思路，加强爱水护水管水宣传和法治教育，将水利文化遗产、水利博物馆、水利风景区等作为普及治水兴水理念和水利知识的重要阵地，依托世界水日、中国水周等活动，开展主题宣传，提高公众尊重自然、顺应自然、节约水资源、保护水环境的自觉意识。推动现代化水利工程全民共建、水治理效益全民共享，依托各类公共服务平台和设施开展志愿服务，创新公众参与激励机制与模式，让公众深切感受到治水管水的成就，提高社会认可度，积极营造良好风气。

参 考 文 献

[1] 王治东. 习近平新时代中国特色社会主义思想历史思维的哲学意涵——兼论马克思主义的历史思维 [J]. 思想理论教育，2022，(10)：19－25.

[2] 刘树坤. 中国水利现代化初探 [J]. 水利发展研究，2002 (12)：7－11，14.

[3] 郑连第. 中国水利百科全书：水利史分册 [M]. 北京：中国水利水电出版社，2004.

[4] 钱正英. 中国水利 [M]. 新版. 北京：中国水利水电出版社，2012.

[5] 罗潜. 关于中国古代水利文献的基础研究 [D]. 沈阳：辽宁大学，2011.

[6] 邹逸麟. 我国水资源变迁的历史回顾——以黄河流域为例 [J]. 复旦学报（社会科学版），2005 (3)：10.

[7] 苏全有，张明水. 对近代中国水利史研究的回顾与反思 [J]. 华北水利水电学院学报（社科版），2012 (3).

[8] 矫勇. 中国大百科全书：水利工程 [M]. 3 版. 北京：中国大百科全书出版社，2021.

[9] 韩春辉，左其亭，宋梦林，等. 我国治水思想演变分析 [J]. 水利发展研究，2015，15 (5)：75－80.

[10] 王园欣，左其亭. 我国新时期水利改革发展战略思想与趋势分析 [J]. 水利发展研究，2013，13 (12)：45－50，54.

[11] 黄建水. 新时期治水的内涵和任务——习近平同志重要治水思想学习体会 [J]. 水利发展研究，2014，14 (9)：17－18，23.

[12] 汪恕诚. 资源水利的理论内涵和实践基础 [J]. 中国水利，2000 (5)：7－9.

[13] 汪恕诚. 人与自然和谐相处——破解中国水问题的核心理念 [J]. 今日国土，2004 (Z2)：6－9.

[14] 姚汉源. 中国水利史纲要 [M]. 北京：水利电力出版社，1987.

[15] 中共水利部党组. 党领导新中国水利事业的历史经验与启示 [J]. 水资源开发与管理，2021 (9)：1－5.

[16] 康立芸，杨晓茹，马朋坤，等. 我国大江大河堤防现状与建设对策建议 [J]. 中国水利，2023 (14)：4－7.

[17] 王俊. 2016 年长江洪水特点与启示 [J]. 人民长江，2017，48 (4)：54－57，65.

[18] 左其亭，毛翠翠. 人水关系的和谐论研究 [J]. 中国科学院院刊，2012 (4)：469－477.

[19] 王亚华，胡鞍钢. 中国水利之路：回顾与展望（1949—2050）[J]. 清华大学学

报（哲学社会科学版），2011，26（5）：99 - 112，162.

[20] 第一次全国水利普查公报 [J]. 中华人民共和国水利部公报，2013.

[21] 王浩，牛存稳，赵勇. 流域"自然-社会"二元水循环与水资源研究 [J]. 地理学报，2023，78（7）：1599 - 1607.

[22] 李佳洺，陆大道，徐成东，等. 胡焕庸线两侧人口的空间分异性及其变化 [J]. 地理学报，2017，72（1）：148 - 160.

[23] 罗明，应凌霄，周妍. 基于自然解决方案的全球标准之准则透析与启示 [J]. 中国土地，2020（4）：9 - 13.

[24] 刘俊国，陈鹤，田展. IPCC AR6 报告解读：气候变化与水安全 [J]. 气候变化研究进展，2022，18（4）：405 - 413.

[25] 潘志华，郑大玮. 适应气候变化的内涵、机制与理论研究框架初探 [J]. 中国农业资源与区划，2013，34（6）：12 - 17.

[26] 封志明，李鹏. 承载力概念的源起与发展：基于资源环境视角的讨论 [J]. 自然资源学报，2018，33（9）：1475 - 1489.

[27] 张永勇，夏军，王中根. 区域水资源承载力理论与方法探讨 [J]. 地理科学进展，2007（2）：126 - 132.

[28] 李原园，文康，沈福新，等. 变化环境下的洪水风险管理研究 [M]. 北京：中国水利水电出版社，2013.

[29] 李娜，王艳艳，王静，等. 洪水风险管理理论与技术 [J]. 中国防汛抗旱，2022，32（1）：54 - 62.

[30] 周维伟，李春龙，陈飞，等. 洪水保险的国际比较与借鉴 [J]. 中国水利，2019（4）：20 - 24.

[31] 顾浩，矫勇，等. 中国水利现代化研究 [M]. 北京：中国水利水电出版社，2004.

[32] 李原园，石海峰，李荣生，等. 试论中国水利现代化 [J]. 水利规划设计，2001（1）：21 - 26.

[33] 陶长生. 水利现代化及其指标体系研究 [D]. 南京：河海大学，2001.

[34] 傅春，杨志峰，刘昌明. 水利现代化的内涵及评价指标体系的建立 [J]. 水科学进展，2002（4）：502 - 506.

[35] 翟浩辉. 关于水利现代化问题 [J]. 水利水电技术，2004（1）：1 - 9.

[36] 杨增文，郑金刚，杨婷，等. 关于水利现代化的探讨 [J]. 水利发展研究，2011，11（5）：44 - 47.

[37] 杜栋，王钰云. 水利现代化研究评述与展望 [J]. 水利发展研究，2012，12（3）：45 - 48.

[38] 王亚华，胡鞍钢. 中国国情与水利现代化构想 [J]. 中国水利，2011（6）：132 - 135，92.

[39] 王亚华，黄译萱. 中国水利现代化进程的评价和展望 [J]. 中国人口·资源与环境，2012，22（6）：120 - 127.

[40]　汪党献，汪院生，回晓莹，等．中国水利现代化发展方向及实现途径［J］．水利发展研究，2013，13（3）：19－24．

[41]　梁福庆．中国水利现代化的思考与对策［J］．水利经济，2014，32（2）：1－3，52，75．

[42]　吴丹，王亚华．中国水利现代化进程的再评价及其含义［J］．水利水电技术（中英文），2022，53（5）：137－151．

[43]　赵钟楠，刘震，王冠．基于多维视角的中国式水利现代化内涵初探［J］．水利规划与设计，2022（2）：1－4，15．

[44]　盖永伟，刘恒，耿雷华，等．中国特色水利现代化内涵与特征浅析［J］．中国水利，2015（8）：6－9，21．

[45]　吕振霖．对水利现代化基本特征的探讨［J］．中国水利，2010（1）：17－20．

[46]　于纪玉，刘方贵．水利现代化的基本特征与涵义［J］．水利发展研究，2003（4）：36－37．

[47]　张志成，代君．我国水利现代化评价指标体系的研究［J］．中国农村水利水电，2011（11）：164－167．

[48]　杨丽英，许新宜，王红瑞，等．中国水利现代化发展水平综合评价分析［J］．资源科学，2011，33（9）：1708－1713．

[49]　朱玲玲，艾萍，牟萍．博弈论和模糊优选模型在水利现代化评价中的应用［J］．水电能源科学，2013，31（2）：161－164．

[50]　牟萍，艾萍．熵权和属性识别模型在水利现代化评价中的应用［J］．水利经济，2011，29（5）：1－4，71．

[51]　黄显峰，刘展志，方国华．基于云模型的水利现代化评价方法与应用［J］．水利水电科技进展，2017，37（6）：54－61．

[52]　李根，程玉亮，阎诗佳，等．基于层次分析法和模糊综合评判法的水利现代化程度综合评价研究［J］．水利发展研究，2019，19（6）：63－67．

[53]　刘亚辉，屈维意．水利现代化的战略绩效评价及模型探析［J］．中国农村水利水电，2014（9）：95－99．

[54]　尹豪，章仁俊．水利现代化评价模型及其应用［J］．农业现代化研究，2005（5）：393－396．

[55]　童坤，刘恒，耿雷华，等．水利现代化评价指标体系研究［J］．中国水利，2012（11）：14－18．

[56]　张海涛，谢新民．水利现代化评价指标体系与评价方法研究［C］//第十四届中国科协年会第1分会场：水资源保护与水处理技术国际学术研讨会论文集，2012：55－62．

[57]　张于喆，史清琪，张岳．我国水利现代化的评价指标体系［J］．人民黄河，2003（11）：4－6．

[58]　王振宝，徐海涛，赵天力，等．水利现代化评价指标体系及评价方法研究［J］．中国水利水电科学研究院学报，2013，11（3）：236－240．

［59］ 徐斌，黄显峰．基于模糊综合评判法的水利现代化评价指标体系研究［J］．水利发展研究，2016，16（10）：22-29，47．

［60］ 代思龙，伊紫函．改进的 PCA-LINMAP 法在水利现代化后评价中的应用研究［J］．水利规划与设计，2018（9）：107-111．

［61］ 邹长国，陈翔．水利现代化模糊综合评价模型及其应用［J］．浙江水利科技，2013，41（3）：69-72．

［62］ 阿米娜古．基于区域水利现代化评价指标体系研究［J］．黑龙江水利科技，2018，46（7）：233-236．

［63］ 孟祥礼，张玉福．水利现代化评价指标体系的赋权方法研究［J］．沈阳农业大学学报，2009，40（2）：248-250．

［64］ 安正斌，魏华．建立我国水利现代化评价指标体系［J］．水利电力机械，2007（9）：137-139．

［65］ 左其亭，张志卓，马军霞，等．人与自然和谐共生的水利现代化建设探析［J］．中国水利，2021（10）：4-6．

［66］ 左其亭，纪义虎，马军霞，等．人与自然和谐共生的水利现代化建设体系及实施路线图［J］．人民黄河，2021，43（6）：1-5．

［67］ 赵钟楠，刘震，张越．新时代推进中国式水利现代化的战略思路与路径［J］．水利规划与设计，2022（8）：10-12，32．

［68］ 孙世友，鱼京善，杨红粉，等．基于智慧大脑的水利现代化体系研究［J］．中国水利，2020（19）：52-55．

［69］ 李肇桀，张旺，王亦宁．2035 年水利现代化远景目标展望［J］．水利发展研究，2021，21（1）：19-22．

［70］ 刘树坤．中国水利现代化和新水利理论的形成［J］．水资源保护，2003（2）：1-5，61．

［71］ 樊霖，庞靖鹏．新时代我国水利现代化进程评估分析［J］．水利经济，2020，38（6）：7-11，19，81．

［72］ 樊霖，王梦晗．推进水利现代化试点工作有关情况及建议［J］．水利发展研究，2018，18（7）：26-29．

［73］ 张丛林，乔海娟，王毅，等．发达国家水利现代化历程及其对中国的启示［J］．中国农村水利水电，2015（2）：47-50．

［74］ 陈璐．我国省域水利现代化建设水平测度及短板分析［D］．西安：西安理工大学，2021．

［75］ 陈杰．赓续使命 勇立潮头 奋力抒写强富美高新江苏水利现代化篇章［J］．江苏水利，2022（3）：1-4．

［76］ 陈杰．牢记嘱托 勇担使命 奋力走在水利现代化新征程最前列［J］．江苏水利，2021（3）：1-5．

［77］ 喻君杰，欧建锋．江苏水利现代化目标内涵及指标体系研究［J］．水利发展研究，2013，13（3）：15-18．

[78] 朱庆元．江苏水利现代化发展战略研究［D］．南京：河海大学，2001．

[79] 陈龙．不忘初心 砥砺前行 奋力开启浙江水利现代化建设新征程［N］．中国水利报，2018－01－01（22）．

[80] 翟丽丽，郑良勇，赵竹韵．山东省水利现代化评价体系探讨［J］．山东水利，2020（11）：20－22．

[81] 高鹏，孙玉亭，刘春霞，等．山东省水利现代化标准体系探究［J］．中国标准化，2018（9）：94－100．

[82] 罗传彬，邬江颖．关于推进江西水利现代化的思考［J］．江西水利科技，2021，47（3）：162－166．

[83] 张肖．不忘初心 牢记使命 奋力开创新阶段安徽水利现代化建设新局面［J］．中国水利，2021（13）：101．

[84] 常书铭．以习近平治水兴水重要思想为引领 奋力谱写山西水利现代化新篇章［J］．中国水利，2018（24）：62．

[85] 戴春胜，曹波，彭璇．新时代龙江水利现代化架构思考［J］．水利科学与寒区工程，2018，1（6）：118－124．

[86] 张学锋．启航重庆水利现代化建设新征程［J］．中国水利，2021（24）：82．

[87] 杨晓茹，邱冰，黄火键，等．宁夏水利现代化发展思路探析［J］．水利发展研究，2017，17（1）：23－26，67．

[88] 索妮．县域水利现代化指标体系研究——以江都区为例［D］．扬州：扬州大学，2013．

[89] 邱云生．关于昆明水利治理体系和治理能力现代化的思考［C］//云南省水利学会2018年度学术交流会论文集，2018：382－390．

[90] 杨天明．海淀区水利现代化发展规划研究［D］．北京：中国农业大学，2005．

[91] 雷新华，黄秀英，饶红．湖北省汉江流域水利现代化规划［C］//水利水电工程勘测设计新技术应用，2018：56－61．

[92] 谢亚军，史展，罗静．淮安市水利现代化防洪减灾工程体系的构建与思考［J］．治淮，2013（6）：19－20．

[93] 黄科琪，杜文，陆燕飞．宁波市新时代水利现代化指标体系构建思路［J］．水利规划与设计，2019（7）：10－12．

[94] 曹飞凤，张泽航．绍兴市水资源保障与高效利用现代化评价研究［J］．资源节约与环保，2020（7）：179－180，182．

[95] 周伟．高邮市水利现代化建设进程的实践与思考［J］．水利建设与管理，2019，39（5）：64－69．

[96] 冯淑琳，袁晓渊，司黎晶，等．高邮市水利现代化水平评价及分析［J］．黑龙江水利科技，2020，48（7）：233－236．

[97] 张剑，李根，王芃，等．海陵水利治理体系和治理能力现代化建设与实践［J］．江苏水利，2021（12）：62－65．

[98] 谢昊．长株潭水利现代化要素研究［D］．长沙：湖南农业大学，2014．

［99］ 孔嘉. 经济发达地区县域水利管理现代化评价研究［D］. 杭州：浙江大学，2018.

［100］ 郭连东. 水管体制改革与水利管理现代化研究［J］. 工程技术研究，2020，5（12）：179-180.

［101］ 欧阳红祥，李欣，方国华. 水利工程管理现代化及其评价指标体系［J］. 南水北调与水利科技，2012，10（1）：150-152，157.

［102］ 方国华，高玉琴，谈为雄，等. 水利工程管理现代化评价指标体系的构建［J］. 水利水电科技进展，2013，33（3）：39-44.

［103］ 高玉琴，方国华，韩春晖，等. 水利工程管理现代化内涵、目标及内容分析［J］. 三峡大学学报（自然科学版），2009，31（4）：45-48，60.

［104］ 苏冠鲁，李凤雷. 基层水管单位水利工程管理现代化实践及探讨［J］. 水利信息化，2014（2）：60-65.

［105］ 谢东明. 基于水利工程管理现代化评价指标体系的构建探讨［J］. 工程技术研究，2018（15）：101-102.

［106］ 马小双，蔡文锋. 论水利工程管理的现代化与精细化［J］. 河南水利与南水北调，2022，51（7）：78-79.

［107］ 刘勇. 尼尔基水利枢纽现代化管理建设思考［J］. 东北水利水电，2020，38（8）：69-70.

［108］ 张永. 浅析水利工程管理现代化建设思路［J］. 农业科技与信息，2021（15）：109-110.

［109］ 贾旭. 水利工程管理的现代化与精细化建设探究［J］. 中国管理信息化，2021，24（16）：195-196.

［110］ 邓伟，张秝嫒，马静，等. 江苏省水资源管理现代化指标体系研究［J］. 中国水利水电科学研究院学报，2016，14（5）：379-385.

［111］ 甘泓，王浩，罗尧增，等. 水资源需求管理——水利现代化的重要内容［J］. 中国水利，2002（10）：66-68.

［112］ 蔡浩. 如何构建现代化水利经济管理体制分析［J］. 农村实用技术，2019（7）：120.

［113］ 孟萍. 浅谈水利科技档案现代化的管理思路［J］. 江淮水利科技，2021（6）：43-44.

［114］ 韩振中，鲁少华. 农村水利现代化发展思路与评价指标［J］. 灌溉排水学报，2012，31（1）：5-9.

［115］ 朱成立，陈科巨. 基于PSO-PPGE模型的农村水利现代化评价［J］. 灌溉排水学报，2012，31（6）：117-120.

［116］ 丁春梅，董邑宁，吕天伟. 农村水利现代化评价指标体系初步研究［J］. 中国农村水利水电，2006（9）：74-76.

［117］ 邱元锋，孟戈，雷声隆. 中国农村水利现代化指标体系构建［J］. 农业工程学报，2016，32（20）：171-178.

[118] 李晓，宋志强，许纪富．山东省农村水利现代化评价指标体系研究［J］．水利发展研究，2005（5）：23－25，29．

[119] 章仁俊，黄涛珍，葛久研，等．浙江省农村水利现代化科学内涵及评价指标体系研究［Z］．南京：河海大学，2011．

[120] 姚丽．农村水利现代化指标体系及其预警管理［D］．南京：河海大学，2005．

[121] 周杨．经济发达地区农村水利现代化指标与评价［D］．扬州：扬州大学，2014．

[122] 张丽平，贾绍凤．上海市郊区水利现代化综合评价方法［J］．首都师范大学学报（自然科学版），2004（1）：66－70，80．

[123] 马培衢．沿黄乡村水利治理体系现代化方略［J］．华北水利水电大学学报（社会科学版），2022，38（4）：7－11，44．

[124] 刘洪超，杨路华，陈凯，等．我国农村水利现代化评价指标体系与评价模型［J］．水利经济，2015，33（4）：15－18，23，77．

[125] 韩振中．农田水利现代化与科技创新［J］．水利发展研究，2015，15（1）：10－13．

[126] 路振广，王敏，张玉顺，等．郑州市农田水利现代化内涵特征与建设标准探讨［J］．中国水利，2014（1）：47－49．

[127] 穆建新，吕振豫，许迪，等．农田水利现代化评价指标体系及评价方法研究［J］．中国农村水利水电，2016（8）：33－40．

[128] 庞德全．农田水利现代化评价指标体系及评价方法［J］．吉林农业，2017（24）：68．

[129] 石为位．河南省农田水利现代化水平评价与时空演变［D］．郑州：华北水利水电大学，2022．

[130] 张亮，石为位．河南省农田水利现代化水平评价与时空演变［J］．中国农村水利水电，2022（10）：171－176，181．

[131] 刘力华．郑州市农田水利现代化示范乡镇评价指标体系与管理运行机制研究［D］．郑州：华北水利水电大学，2017．

[132] 张梦瑶．浅谈区域农田水利现代化水平的评价研究［J］．农业与技术，2022，42（14）：41－44．

[133] 左其亭，邱曦，符运友，等．人与自然和谐共生的灌区水利现代化建设框架及实践探索［J］．人民黄河，2022，44（9）：30－35，45．

[134] 谢崇宝，张国华．灌溉现代化核心内涵及水管理关键技术［J］．中国农村水利水电，2017（7）：28－32．

[135] 韩振中．大型灌区现代化建设标准与发展对策［J］．中国农村水利水电，2013（7）：69－71，74．

[136] 康绍忠．加快推进灌区现代化改造 补齐国家粮食安全短板［J］．中国水利，2020（9）：1－5．

［137］ 许欣然．灌区现代化评价体系与数学模型研究［D］．天津：天津农学院，2018．

［138］ 王修贵，张绍强，刘丽艳，等．现代灌区的特征与建设重点［J］．中国农村水利水电，2016（8）：6-9，12．

［139］ 张国瑞，武剑微，张景东．内蒙古河套灌区建设现代水利的思考［J］．内蒙古水利，2011（2）：136-137．

［140］ 陈金水，丁强．灌区现代化的发展思路和顶层设计［J］．水利信息化，2013（6）：11-14，38．